DA COMPETÊNCIA EM MATÉRIA ADMINISTRATIVA

© Copyright 1997.
Ícone Editora Ltda

Produção e Diagramação
Rosicler Freitas Teodoro

Revisão
Antônio Carlos Tosta

Proibida a reprodução total ou parcial desta obra,
de qualquer forma ou meio eletrônico, mecânico,
inclusive através de processos xerográficos,
sem permissão expressa do editor
(Lei nº 5.988, 14/12/1973).

Todos os direitos reservados pela
ÍCONE EDITORA LTDA.
Rua das Palmeiras, 213 — Sta. Cecília
CEP 01226-010 — São Paulo — SP
Tels. (011)826-7074/826-9510

MASSAMI UYEDA

DA COMPETÊNCIA EM MATÉRIA ADMINISTRATIVA

Dados Internacionais de Catalogação na Publicação (CIP)
(Câmara Brasileira do Livro, SP, Brasil)

Uyeda, Massami.
Da competência, em matéria administrativa / Massami Uyeda. – São Paulo: Ícone, 1997.

Bibliografia.
ISBN 85-274-0448-6

1. Administração pública 2. Competência (Direito) 3. Direito administrativo 4. Jurisdição 5. Poder judiciário 6. Poder legislativo I. Título.

97-2212 CDU-35.076

Índices para catálogo sistemático:

1. Competência administrativa: Direito administrativo   35.076

Este trabalho foi elaborado sob orientação do Professor **Doutor José Cretella Júnior**, titular de Direito Administrativo da Faculdade de Direito da Universidade de São Paulo.

ÍNDICE

RESUMO 11
RÉSUMÉ 13
PREFÁCIO 15

Primeira Parte – Funções do Estado

Capítulo Primeiro
ATIVIDADES JURÍDICAS E SOCIAIS
   1. Atividades do Estado 19
   2. Divisão 21
   3. Atividade Jurídica 26
   4. Atividade Social 28
   5. Campo do Direito Administrativo 29

Capítulo Segundo
ATIVIDADE LEGISLATIVA
   6. Ato de Legislar e matéria legislada 33
   7. Atividade Legislativa 37
   8. Outras Atividades do Poder Legislativo 38
   9. Poder Constituinte e Competência Legislativa 43
  10. Constituição e Lei Ordinária 47
  11. Conclusão 52

Capítulo Terceiro
ATIVIDADE JURISDICIONAL
  12. Jurisdição 53

13. Jurisdição e Administração 57
14. Atividades do Judiciário 61
15. Natureza da Sentença Judicial 68
16. Outras Atividades do Judiciário 74
17. Conclusão 78

Capítulo Quarto
ATIVIDADE ADMINISTRATIVA
18. Que é Administrar (conceito) 81
19. Administração Direta e Indireta 86
20. Administrar e Julgar 91
21. Atividades Administrativas 95

SEGUNDA PARTE – SERVIÇOS PÚBLICOS

Capítulo Quinto
CONCEITO DE SERVIÇO PÚBLICO
22. Noção de Serviço Público 101
23. Serviço Público Direto e Indireto 104
24. Serviço Público Formal e Material 107
25. Nosso Conceito de Serviço Público 109

TERCEIRA PARTE – COMPETÊNCIA EM MATÉRIA ADMINISTRATIVA

Capítulo Sexto
COMPLEXIDADE CONCEITUAL CATEGORIAL
26. Conceito Geral de Competência 113

Capítulo Sétimo
ESPÉCIE CATEGORIAL
27. Competência em Matéria Administrativa 119

Capítulo Oitavo
ABRANGÊNCIA DE ESPÉCIE CATEGORIAL
28. Irradiação da Competência Administrativa 125

QUARTA PARTE – COMPETÊNCIA ADMINISTRATIVA NO DIREITO BRASILEIRO

Capítulo Nono
DELIMITAÇÃO DOUTRINÁRIA
29. A Competência na Doutrina 133

Capítulo Décimo
PILARES LEGISLATIVOS
30. A Competência no Direito Positivo 143

Capítulo Décimo Primeiro
PAPEL DA JURISPRUDÊNCIA
31. A Competência na Jurisprudência 155

Capítulo Décimo Segundo
DISTINÇÃO NECESSÁRIA
32. Do Conflito de Atribuições 161

Conclusão 169

Bibliografia 171

Anexos 177

RESUMO

A noção de Estado Moderno deriva da teoria da tripartição dos Poderes do Estado formulada por Montesquieu.

As atividades desenvolvidas pelos três Poderes, objetivando o atendimento do interesse público, são delimitadas por campos de atuações específicas, reservando-se a cada um deles suas próprias e exclusivas tarefas.

No desempenho de suas atividades específicas, cada qual dos Poderes do Estado exerce sua competência formal. Dessa maneira é que se concebe a competência legislativa, jurisdicional e administrativa.

Contudo, não só o desempenho exclusivo e reservado é exercido pelos Poderes, mas, realizam, também, materialmente, atividades reservadas a outros poderes. Para que cada um dos Poderes do Estado possa desempenhar sua atividade exclusiva e reservada, faz-se mister o exercício material de atividades de outros Poderes.

Trata-se de exercício anômalo dos Poderes do Estado, legitimado pelo Direito, tudo para que o atendimento do interesse público seja atendido.

Este livro tem por objetivo proceder ao exame e à análise da competência em matéria administrativa, exercida pelos Poderes do Estado.

RÉSUMÉ

La notion de l'État moderne est née de la theorie de Montesquieu, qui a établi la tripartition des pouvoirs de l'État.

Les activités sont promues par les Pouvoirs de l'État dans l'objectif d'atteindre l'interêt public, et sont delimités par des champs d'actuation prôpre, en réservant à chacun d'entre eux des rôles specifiques et typiques.

Cette actuation réservée à chaque Pouvoir est le résultat de sa compétence formelle dans sa pratique, étant exclusive et essentielle pour chacun d'entre eux afin de mener leur activité à ses fins.

Donc, pour que cette activité puisse atteindre son but, chaque Pouvoir pratique aussi des activités intermediaires, qui sont la caractéristique d'autres Pouvoirs. Ainsi, par exemple, le Pouvoir Éxecutif exerce une activité normative quand il règlemente la loi; il également exerce une activité de jugement, quand il décide du résultat d'une enquête administrative. Il en est de même pour le Pouvoir Législatif, quand il administre son effectif et aussi lorsqu'il juge au sein d'une investigation interne. Et cela a également lieu dans le Pouvoir Judiciaire quand il crée des normes pour règlementer son activité et quand il s'agit de son effectif et du bon fonctionnement de son service.

Cette activité intermediaire represente un véritable exercice du Pouvoir qui depasse sa fonction première; il résulte de la competence materielle principale.

C'est ainsi que la présente étude souhaite focaliser la competénce, en matière administrative, exercée par les Pouvoirs de l'État.

PREFÁCIO

Com a defesa da tese Da Competência em matéria administrativa, o eminente Magistrado, integrante do 1º Tribunal de Alçada Civil de S. Paulo, Dr. Massami Uyeda, conquistou, por unanimidade e distinção, o grau de Doutor, no Departamento de Direito do Estado, na Faculdade de Direito da Universidade de S. Paulo.

O tema é original e de importância teórica e prática, porque a todo instante surgem, nos três Poderes, problemas a respeito da competência administrativa, ou seja, de saber a quem cabe determinada atribuição.

Se o Estado, mediante a Magna Carta é o centro detentor da competência, em geral, cada um dos três Poderes, em espécie, recebe do centro seu quantum de atribuição.

Como os três Poderes legislam, julgam e administram, a competência administrativa está presente nos três Poderes, no Poder Executivo, por excelência, e, nos outros dois, quando estes, por exceção, editam atos administrativos materiais.

Por outro lado, nem sempre as atribuições se acham bem definidas e, nesse caso, ocorre o respectivo conflito, não só no próprio campo do Poder Executivo (a regra), como entre dois campos (a exceção), julgando-se as autoridades de ambos os Poderes competentes ou incompetentes para o referido exercício.

Problemas relevantes como esse estão expostos, na obra do Dr. Massami Uyeda, de modo claro, simples, preciso, emprestando ao livro valor invulgar e colocando o autor ao lado dos mais credenciados administrativistas de primeira linha do direito brasileiro.

J. Cretella Júnior

Primeira Parte

Funções do Estado

Capítulo Primeiro

ATIVIDADES JURÍDICAS E SOCIAIS

1. Atividades do Estado

O estudo da partilha das competências decorre da atividade da Administração Pública e, assim, conveniente se nos parece começar nosso trabalho, ocupando-nos da noção conceitual da Administração Pública, já que não há acordo na doutrina a respeito. Têm-se exposto noções, considerando o uso corrente da palavra Administração e outras que se referem a seu conceito jurídico, relacionando-a com a atividade do Estado para a consecução de seus fins.

Assim é que, para Merkl (*Teoria General del Derecho Administrativo*, Madrid, 1935, pág. 2), a administração, em sentido amplo, é toda atividade humana planificada para alcançar determinados fins humanos. Em sentido estrito, considerando a relevância jurídica do conceito de administração, Merkl relaciona-a com a atividade do Estado para a realização de seus fins, limitando-a a uma parte da atividade estatal, enquadrando-a como atividade residual do Estado, que não seja a legislativa e a judicial.

Vê-se, portanto, que a noção de Merkl é extraída de colocação residual ou negativa: o fato de não ser essa atividade nem atividade legislativa, nem judiciária, ou seja, o conceito de administração está condicionado aos de legislação e jurisdição. Contudo, estes vocábulos não são unívocos, mas analógicos, difícil se mostra a delimitação do campo conceitual por ele proposto.

Adotando estas premissas, verifica-se que a conceituação de Merkl está vinculada às noções de legislação e jurisdição e quanto mais amplitude a elas se dê, tanto mais limitado se tornará o campo de atuação da administração dentro da atividade total do Estado.

Como assinala Temístocles Brandão Cavalcanti, mencionando Batbie (*Tratado*, vol. I, 3ª ed., 1955, pág. 47) "não existe palavra cuja aplicação seja mais comum e a significação exata menos conhecida do que administração". E, citando, Marshall Dimock, declara que a administração pública compreende os problemas, poderes, organização e métodos de administração empregados na execução das leis para o cumprimento das obrigações governamentais, acrescentando, para a explicação dos termos dessa definição que, em primeiro lugar, quando se fala em poderes e problemas, deve-se considerar o direito, porque o direito, em seu sentido lato é a forma por que se manifesta o ato de governo. A lei determina as atribuições e os meios de execução. Em segundo lugar, a definição interessa à organização e ao pessoal administrativo. Sem dúvida, esta definição é inteiramente objetiva, não efetuando a distinção entre a ciência e a técnica administrativa, demonstrando, porém, a complexidade do conceito de administração.

Segundo o critério orgânico ou subjetivo, administração é o complexo de órgãos aos quais se confiam funções administrativas (D'Alessio, *Instituzioni*, 4ª ed., 1949, vol. I, pág. 17), sendo a soma das ações e manifestações da vontade do Estado, submetidas à direção do chefe do Estado.

Do ponto de vista objetivo, a administração é a atividade concreta do Estado dirigida à consecução das necessidades coletivas de modo direto e imediato (D'Alessio, idem), ou, como proposto por Zanobini (*Corso*, 6ª ed., 1950, vol. I, pág. 10), é a atividade prática que o Estado desenvolve para tratar de modo imediato dos interesses públicos que lhe competem tendo em vista próprios fins.

Há quem afirme ser a "administração" sinônimo perfeito de "governo", compreendendo as três funções jurídicas do Estado: legislação, jurisdição e administração. E há outros que a enfocam em sentido estrito, mais limitado, como sendo atividade subordinada ao impulso proveniente do poder governamental, identificando no governo sua alta direção.

A realidade é que o Estado não realiza plenamente sua atividade jurídica apenas através da atividade legislativa e da atividade jurisdicional. A plenitude de sua atividade jurídica se alcança por meio de atividade ininterrupta, prevenindo, ordenando, garantindo a ordem jurídica e social, através de atos, contínuos e executórios. Os atos legislativos e jurisdicionais são, ao contrário, interminentes.

O Estado desenvolve não só funções jurídicas, como também sociais, de bem-estar geral, funções que não se confundem com as legislativas e nem com as jurisdicionais.

O serviço público é criado por lei, cumprindo à administração realizá-lo na prática.

Sob este prisma a conceituação formulada por Villegas Basavilbaso se nos afigura perfeitamente adequada. Para este consagrado autor "administração pública é uma das funções do Estado que tem por objetivo direto e imediato a satisfação das necessidades coletivas através de atos concretos, dentro da ordem jurídica e de acordo com os fins da lei" (*Derecho Administrativo*. 1949, vol. I, pág. 43).

Na doutrina brasileira a posição sufragada por J. Cretella Júnior é sólida e concisa, pois para o professor de Direito Administrativo da Faculdade de Direito da Universidade de São Paulo, "administração é a atividade que o Estado desenvolve, através de atos concretos e executórios, para a consecução direta, ininterrupta e imediata dos interesses públicos", anotando, mais, que "administração é não só governo, poder executivo, como também a complexa máquina administrativa, o pessoal que a movimenta, a atividade desenvolvida por esse indispensável aparelhamento que possibilita ao Estado o preenchimento de seus fins" (*Tratado*, 1966, vol. I, pág. 27).

2. Divisão

Diversas escolas doutrinárias procuram explicar as funções do Estado.

De um lado estão as individualistas e de outro as intervencionistas. Entre estas duas escolas situa-se a escola intermediária e há, também, a escola ultra-individualista.

"A respeito da função do Estado existem as mais variadas escolas. Umas negam completamente a existência dessa função, reduzindo o papel do Estado exclusivamente à função jurídica: são as escolas geralmente chamadas de individualistas, liberalistas ou não intervencionistas. Outras negam a própria legitimidade do Estado: são as escolas anarquistas. Outras, enfim, aceitam a função social do Estado: são as chamadas intervencionistas, ou (com certas restrições, que examinaremos) socialistas" (*apud* Cesarino Júnior, *Direito Social Brasileiro*, 4ª ed., 1957, pág. 63).

Vê-se, portanto, que as diversas escolas cujos adeptos cuidam de estudar o clássico problema dos fins do Estado se separam em dois campos basicamente. De um lado, os publicistas que partilham da teoria do Estado-jurídico e, de outro, os que professam doutrinas socialistas.

A Escola do Estado-jurídico sustenta que o único fim do Estado é a tutela do Direito (atividade jurídica), apresentando a mais simples das soluções à indagação dos fins do Estado.

Mário Masagão refere que a escola do Estado-jurídico parece haver sido criada por Thomasius e teve desenvolvimento na Alemanha com Kant e Fichte, sendo defendida por Humboldt (*Curso*, 5ª ed., 1974, pág. 9)

Para os partidários da escola do Estado-jurídico, também denominada, depreciativamente, por seus opositores, de escola do Estado-Gendarme, do Estado-guardião, qualquer interferência do Estado, no sentido de proporcionar aos indivíduos que o compõem condições de bem-estar, cultura e progresso deve ser vista por nefasta, chegando-se a afirmar que "fora do campo jurídico, todo bem que o Estado faz, faz mal; todo o mal, que o Estado faz, faz bem" (*apud* J. Cretella Jr., *Tratado*, vol. I, pág. 127).

Para Kant, o único fim do Estado era estabelecer e conservar a ordem jurídica. A base da concepção jurídica Kantiana é a liberdade e não a felicidade, pois o direito é a restrição das liberdades tanto quanto baste para permitir a coexistência dos arbítrios. O Estado não pode, assim, velar pela felicidade de quem quer que seja, somente pode tutelar o direito. Qualquer ação oficial que mire outro objetivo é odiosa, pois acarreta uma restrição de liberdade supérflua ao fim de manutenção da possibilidade de coexistência de arbítrios (*apud* Mário Masagão, *Curso de Direito Administrativo*, 5ª ed., RT, pág. 10)

Outro não era o entendimento de Fichte para quem "a vontade geral, a vontade do Estado, só quer uma coisa: a segurança do direito de todos", (*apud* Mário Masagão, op. cit.) e, na continuidade dessa ordem de idéias, Humboldt restringia a ação do Estado à manutenção da ordem interna e externa.

Os partidários da escola do Estado-jurídico não incluem no âmbito de atuação do Estado a felicidade individual (atividade social), porque, se assim o fizer, sustentam que o Estado estará exorbitando das atribuições que lhe são peculiares.

De outro lado, em extremo oposto, estão os adeptos da escola intervencionista, reunidos sob o título genérico de socialistas. Para estes, o Estado deve intervir não só no que diz respeito ao jurídico, mas também no que se refere ao social.

Sob o nome genérico de socialismo estão agrupadas as seguintes: comunismo, coletivismo integral, coletivismo parcial, solidarismo, fascismo, nazismo, socialismo de cátedra, intermédia.

Possuem elas elementos comuns para que possam ser agrupadas sob o mesmo título. Estes elementos são:

a) todas as escolas sustentam a obrigatoriedade da ação do Estado fora do campo do direito;

b) possuem um programa predeterminado de ação social e exigem que o Estado o cumpra. No mais, diferem elas entre si.

A comunista é a mais antiga das escolas socialistas, e por pretender a abolição completa da propriedade privada foi denominada de "socialismo utópico", identificando-se na propriedade privada a origem de todos os males sociais. Só o Estado deve ser proprietário de riquezas, quer da produção, quer do consumo, devendo haver distribuição de maneira justa entre os cidadãos.

Qual o critério a ser adotado para a distribuição comunista das riquezas?

Três grupos divergentes surgiram para expor tal critério: os igualitários, que preconizavam que as partes a serem distribuídas deveriam ser absolutamente iguais para todos; os morelistas (que tinham em Morelly, seu chefe), que a partilha deveria levar em conta a necessidade individual; e, o terceiro grupo, o dos proporcionalistas ou capacitários, para o qual a distribuição deveria obedecer ao princípio "a cada um de acordo com sua capacidade".

Na prática, conhecem-se duas experiências desastrosas levadas a efeito para a implantação de uma sociedade comunista. O inglês Robert Owen (1771-1858), fundou em 1825 a colônia New Harmony, no Estado de Indiana, nos Estados Unidos. A organização comunista teve duração efêmera e desapareceu depois de sérias divergências internas.

A segunda experiência comunista foi levada a cabo por Estêvão Cabet (1788-1856), o qual, em 1848, fundou a Colônia de Icária, que terminou de maneira violenta na época da distribuição da colheita*.

Estes dois exemplos demonstraram ser inviável o ideal comunista, sendo tidas como teóricas e utópicas as idéias defendidas nesse sentido, desde os tempos de Platão.

A escola do coletivismo integral ou marxismo espalhou-se rapidamente com Karl Marx (1818-1883), através de sua obra "O Capital".

Ao contrário do comunismo que pregava a socialização de toda a riqueza, o coletivismo defendia a socialização apenas da riqueza de produção ou capital. Para Marx, capital é tão somente a riqueza capaz de reproduzir outra sem o trabalho do dono. Assim, a terra, o dinheiro posto a juros, o imóvel alugado. Esta noção de capital difere daquela que é aceita pelos clássicos da Economia Política, para os quais o capital é toda e qualquer quantidade econômica aplicada à produção, como, por exemplo, máquinas, ferramentas de trabalho e instrumentos.

Para Marx, o capital deve tornar-se comum, sendo permitida a propriedade privada dos demais bens. Para que o capital se tornasse coletivo, deveria passar para a propriedade do Estado, a quem caberia a tarefa principal de dirigir a produção, admitindo a propriedade particular dos bens de consumo e dos instrumentos de trabalho.

Segundo os coletivistas integrais ou marxistas, as causas econômicas são as únicas determinantes de todos os fatos sociais e sustentam que, adotado o sistema por eles preconizado, desaparecerão a miséria, o crime, as guerras e revoluções.

A escola do coletivismo parcial restringe a coletivização apenas à terra, que é por excelência a fonte única das riquezas. Por isso também é conhecida como escola do coletivismo agrário. Para Henri George, seu fundador, o Estado deveria transformar-se em um único proprietário de terras e deveria distribuir entre os cidadãos os bens de consumo dela oriundos.

A escola do solidarismo teve início com o livro de Léon Bourgeois (1896), "La Solidarité" e representa, ao lado da escola do socialismo de cátedra, um dos aspectos mais moderados do socialismo.

---

* A literatura geral refere à existência da Colônia de Icária, na qual o personagem Rob J. Cole, criado por Noah Gordon, em seu "Xamã", passou por lá . (Ed. Rocco, 1993, pág. 150).

Os propósitos da escola do solidarismo são elevados, mas, ao mesmo tempo, são inaplicáveis. Prega que a ação do Estado, para difundir a noção de solidariedade, existente na própria natureza, deve ser levada para o campo das relações humanas, a fim de substituir a competição e a luta. Assim é que cada geração deve à precedente tudo o que encontrou preparado e é necessário que deixe à geração futura o mesmo tanto. Além de estabelecer institutos para sua prática, tais como caixas de assistência e pensão, cooperativas de produção e consumo e outros, baseados no sentimento de solidariedade.

O socialismo de cátedra, também conhecido por socialismo de Estado, socialismo professoral ou socialismo conservador surgiu como um movimento integrado por professores das universidades da Alemanha que, embora adeptos de certo modo das idéias marxistas, temiam as conseqüências sangrentas das lutas de classe. E, por isso, mitigaram os ideais marxistas, temperando-os, procurando opor à "revolução real" uma "revolução legal", através de medidas que pudessem favorecer o operário, regulamentando o trabalho, através de fixação do número de horas de trabalho, proibição do trabalho do menor, proteção ao trabalho da mulher, e, também, elevação do nível social, econômico, intelectual e moral da população, através do incremento da economia popular, proteção à infância e à maternidade, difusão do ensino primário, e oferecimento de gêneros de primeira necessidade a baixos preços.

Como escola, o socialismo de cátedra não teve vida longa, contudo, a maior parte de suas idéias foi recepcionada por muitos países, acolhendo-as em suas legislações. O socialismo de cátedra, na realidade, constitui-se numa aplicação à ordem econômica das idéias filosóficas e jurídicas professadas pelos modernos pensadores alemães.

O nazismo e o fascismo são duas doutrinas que pretenderam, também, oferecer uma visão das funções do Estado. Oferecem, contudo, uma grande dificuldade para o estudo sistemático por estarem ainda próximos de nossos dias, faltando, para isso, a indispensável perspectiva histórica. Representam formas autoritárias de governo e apregoam que todos os meios devem ser empregados na consecução dos fins do Estado. Na máxima "tudo para o Estado; nada fora do Estado; nada contra o Estado" estas duas doutrinas balizaram seus programas. E, longe de permitir o pleno desenvolvimento societário, conduziram-se em direção à mais sangrenta das guerras, a II Guerra Mundial.

A escola intermediária é a que se coloca entre os adeptos das doutrinas individualistas e socialistas. É a que se põe em meio ao campo antagônico da Escola do Estado-jurídico e das Escolas Socialistas.

Segundo a Escola Intermediária, o Estado tem como fim necessário e obrigatório somente a tutela do direito. Neste ponto, o objetivo desta escola coincide com a da Estado-jurídico.

Porém, dela se afasta quando admite que o Estado deve exercer, também, ação social. Porém, a Escola Intermediária se contrapõe às Escolas Socialistas porque, ao contrário destas, sustenta que a ação social do Estado é acessória e facultativa (*apud* Mário Masagão, op. cit., pág. 15).

Em um outro ponto, ainda se diferencia esta escola das socialistas, por não possuir programa predeterminado de ação social do Estado.

Para a Escola Intermediária o Estado tem por fim principal a tutela jurídica. Nenhum outro objetivo deve afastá-lo de tal propósito. Em primeiro plano tutela o direito e só em segundo lugar é que presta ação social.

A doutrina defendida pela Escola Intermediária tem inspiração e base em teorias expostas pelos doutores da Igreja Católica e é a que mais se aproxima da realidade dos fatos.

A tutela do direito para a Escola Intermediária se desdobra em quatro classes de atividades: fazer a lei; manter a ordem pública; defender a sociedade contra o inimigo externo; e, distribuir justiça, ou seja, aplicar o direito aos fatos.

Quanto à ação social do Estado, sendo atividade acessória e facultativa, só aparecerá quando a iniciativa particular for ineficaz e deverá visar o bem de todos e não somente de um indivíduo ou de grupo de indivíduos.

Vistos, assim, em breve escorço, as doutrinas que procuram explicar as funções do Estado, exceção feita à comunista, identificam ser duas as atividades desenvolvidas pelo Estado: atividades jurídicas e atividades sociais.

3. Atividade Jurídica

Que é atividade jurídica do Estado?

Atividade jurídica, como leciona J. Cretella Júnior, "é toda ação desenvolvida pelo Estado para a tutela do Direito" (*Tratado*, 1966, vol. I, pág. 138).

É de elementar senso de observação que a ordem jurídica, isto é, a ausência de injustiça, é que torna possível a convivência da sociedade humana. Não somente as condições gerais de bem-estar e aperfeiçoamento é que permitem o florescimento da sociedade humana. Estas condições pressupõem um estado de coisas propício ao desenvolvimento individual.

O Estado, que consubstancia a organização política da sociedade, é quem tutela o direito e provê a realização do estado de coisas propício ao desenvolvimento do indivíduo.

A tutela do direito compete, com exclusividade, ao Estado. Trata-se de atividade indelegável e só por ele pode ser desenvolvida.

A atividade jurídica do Estado desdobra-se em quatro aspectos:
1. declaração do direito;
2. aplicação do direito ao caso concreto;
3. manutenção da ordem interna;
4. defesa do país contra agressão externa.

Nestas quatro atividades, desempenha o Estado sua tutela jurídica, a tutela do direito.

A atividade de declarar o direito é aquela que fixa, através de normas, a conduta dos seres humanos na sociedade. Trata-se de atividade fundamental, porquanto é através da norma que se fixa "ab initio" aquilo que deve ser considerado justo.

Uma vez declarado o direito, com a edição da norma, surge a atividade estatal de aplicar o direito ao caso concreto. Ou seja, ocorrendo a violação à norma preestabelecida, compete ao Estado dirimir o conflito de interesse e aplicar o direito ao caso concreto.

A manutenção da ordem interna é, também, outra atividade jurídica desempenhada pelo Estado, uma vez que a ordem interna do país não pode ser perturbada e compete ao Estado a missão de assegurar aos que estão sob sua tutela a possibilidade de uma vida tranqüila, prevenindo e reprimindo os delitos. A manutenção da ordem interna é, como prelecionou Cardozo de Melo Neto, "serviço de segurança, típico do Estado: a insegurança não é apenas uma causa de lentidão no desenvolvimento social, é uma causa de retrogradação e de perecimento da coletividade" (*A ação social do Estado*, 1917, pág. 1).

A defesa do país contra agressão externa possibilita a preservação das fronteiras do Estado, impedindo a invasão do território nacional por exércitos estrangeiros. O serviço de defesa nacional é um serviço típico do Estado e só ele é capaz, por si, de garantir sua integridade territorial.

Trata-se de atividade indelegável, constituindo-se sua privativa atribuição. Seria mesmo inconcebível que o Estado viesse a delegar a terceiros o desempenho de tão relevante tarefa, imanente à sua própria estrutura.

4. Atividade Social

Que é *atividade social* do Estado?
Atividade social, no dizer de J. Cretella Júnior, "é toda a ação desenvolvida pelo Estado para assegurar aos cidadãos bem-estar, cultura e progresso" (*Tratado*, 1966, vol. I, pág. 140).
Trata-se de definição em sentido estrito, porque, em sentido lato, a expressão abrange também a atividade jurídica.
A atividade social do Estado refere-se principalmente à ação do Estado, desdobrando-se em quatro principais aspectos:
1. a ação social no campo demográfico e seu equilíbrio com a área territorial;
2. a ação social no campo da saúde pública;
3. a ação social no campo da educação e da instrução;
4. a ação social no campo da ordem econômica.
No campo demográfico exerce o Estado sua ação intervindo no desenvolvimento da população, seja pelo controle de natalidade ou pelo estímulo à procriação, tema este que preocupa de há muito a humanidade, em um ou outro sentido.
O problema da superpopulação em áreas de extrema pobreza e a escassez de nascimentos em países de melhores índices econômicos que, atualmente, preocupam os dirigentes e estadistas de diversos países, já foi referido por Platão, na *República*, e por Aristóteles, na *Política*, quando se referiram ao problema da limitação da natalidade. Por outro lado, em Roma, as leis que cuidaram do estímulo à procriação foram a *Lex Julia de maritandis ordinibus* e a *Lex Pappia Poppea*.
Na área da saúde pública, a ação social do Estado orienta-se no sentido de evitar e prevenir que as moléstias se propaguem. Através de uma legislação sanitária, além de esforços educacionais nesse sentido, intervém o Estado, garantindo a vida do indivíduo em sociedade.
Igualmente, cabe ao Estado zelar pela educação e instrução da população, especialmente das pessoas menos favorecidas economicamente, proporcionando meios para a freqüência escolar.

No campo econômico o Estado exerce sua ação social, interferindo na produção, circulação e distribuição da riqueza.

A ação social do Estado possui limites para sua atuação. Assim, não deve a ação social do Estado: primeiro, favorecer indivíduos, mas, sim, dirigir-se a toda coletividade; segundo, interferir no campo da atividade particular, a não ser supletivamente; e, terceiro, ferir direitos do cidadão.

Estes limites à ação social do Estado se impõem para evitar que o Estado descambe para um regime autoritário, fato este já anotado por Mário Masagão, em 1939, pois "a ação social tem em vista criar o ambiente propício ao desenvolvimento das forças e faculdades individuais. Essa atividade social deverá, porém, ter seus limites, pois que, em caso contrário, iríamos cair nos regimes totalitários que tiram a personalidade individual que deve eclipsar-se em face do Estado. Assim, deverá só aparecer, quando o indivíduo for impotente para agir por si".

O consagrado professor da Faculdade de Direito da Universidade de São Paulo, em escólio memorável, deixou consignado, ainda, a respeito dos limites da ação social do Estado: "Desde que a iniciativa privada se oriente em sentido útil para si e não prejudicial aos interesses gerais, o Estado não deverá aí imiscuir-se, pois sua ação em tal hipótese só poderá ser nefasta.

A atividade social terá de encaminhar-se de tal maneira que vise ao bem comum e nunca à felicidade ou bem-estar de um só indivíduo ou de uma classe de indivíduos. Isto porque o Estado foi organizado para bem de comunidade, para bem do povo em geral; se beneficia apenas parte da sociedade, está fugindo aos seus nobres fins.

O respeito aos direitos individuais é outro obstáculo oposto à ação social do Estado. Desde que se acha em jogo o direito de algum cidadão, o Estado não poderá agir desrespeitando tal direito, ainda que disso resultem benefícios para a coletividade" (*apud* J. Cretella Jr., *Tratado*, pág. 135).'

5. Campo do Direito Administrativo

Considerando-se atividade jurídica a atuação do Estado em torno de tutela do direito, essencial para sua própria preservação, e a atividade social, como a atuação do Estado para garantir o bem-estar da coletividade, necessário se faz especificar as disciplinas jurídico-sociais que regulam os variados aspectos em que se desdobram estas atividades.

Dentre estas disciplinas, sobressaem-se o direito constitucional, o direito administrativo, o direito judiciário e a ciência da administração.

À ciência da administração e ao direito judiciário reservam-se, respectivamente, o estudo da atividade social e da atividade jurídico-contenciosa, de sorte que, para o estudo da atividade jurídica não contenciosa do Estado restam o direito constitucional e o direito administrativo.

Estas disciplinas – o direito constitucional e o direito administrativo – são afins, mantendo entre si constantes inter-relações e seus campos de separação são difíceis de serem detectados.

Analogicamente, entendendo-se o estudo do Estado como se fosse o estudo do corpo humano, poder-se-ia dizer que ao campo do direito constitucional reservar-se-ia o estudo da estrutura e anatomia do corpo, enquanto que ao direito administrativo, o da fisiologia dos diversos órgãos que compõem o corpo humano. O direito administrativo interessa-se pelo Estado no seu aspecto dinâmico, funcional, enquanto que o direito constitucional cuida de sua parte estática, estrutural.

Conquanto o direito administrativo e o direito constitucional apresentem inúmeros pontos comuns, não se confundem, contudo, entre si, já que o direito constitucional dá os lineamentos gerais do Estado, institui os órgãos essenciais e define os direitos e garantias dos indivíduos, ao passo que o direito administrativo disciplina os serviços públicos e regulamenta as relações entre a administração pública e os administrados dentro dos princípios constitucionais estabelecidos previamente. Há assim nítida interação entre ambas disciplinas, porém não a ponto de se confundirem totalmente.

O direito administrativo pode ser considerado, pois, como o ramo do direito público que rege a ação do Estado para consecução de seus fins; naturalmente, excluídas as atividades jurídicas contenciosas e as sociais do Estado.

Esta conceituação abrangente do campo de atuação do direito administrativo é que permite sua regência em toda e qualquer atividade da administração, provenha ela do Executivo, do Legislativo ou do Judiciário, porque o ato administrativo não se desnatura pelo fato de ser praticado somente no âmbito do Legislativo ou do Judiciário, desde que seus agentes estejam atuando como administradores de seus serviços, bens ou de seu pessoal.

Feitas estas considerações, pode-se definir o direito administrativo como "o ramo do direito público interno que regula a atividade jurídica não contenciosa do Estado e a constituição dos órgãos e meios de sua ação, em geral", tal como define J. Cretella Jr. (In *Tratado*, vol. I, pág. 182).

Capítulo Segundo

ATIVIDADE LEGISLATIVA

6. Ato de Legislar e Matéria Legislada

O ser humano, vivendo gregariamente, necessita de parâmetros e balizas para o exercício do convívio em sociedade.

A organização social exige a observância de normas de conduta e comportamento, sob pena de, em não sendo observado, desestruturar-se a si mesma.

Há necessidade, assim, da promulgação de leis que regulem a prática social.

Da observação inicial dos usos e costumes, os primitivos agrupamentos humanos cristalizaram-nos, e após a formação de um colégio que estabelecesse o parâmetro a ser adotado, como norma, surge, incipientemente, o germe da lei.

A lei, portanto, é que fixa o padrão de conduta a ser observado pelo grupo social. A observância do padrão legal é obtida pelo elemento da autoridade imanente à sua edição. Buscava-se, até mesmo, na divindade a origem da autoridade legal, isto porque ante a potência dos elementos e o significado fantástico dos fenômenos da natureza o homem descobriu a Divindade, enquanto atendia também à sua própria origem divina, como afirma Elcir Castelo Branco (cf. *Enciclopédia Saraiva*, vol. 48, pág. 262).

Tanto isto é certo que, nas antigas legislações, os preceitos normativos são mesclados com regras e sanções de fé. Tal prática, que deita raízes nos primeiros tempos da humanidade, ainda encontra ressonância nos dias de hoje, tanto que a atual Constituição Federal traz em seu preâmbulo a seguinte invocação: "Nós, representantes do povo brasileiro, reunidos em Assembléia Nacional Constituinte para instituir um Estado Democrático, destinado a assegurar o exercício dos direitos sociais e individuais, a liberdade, a segurança, o bem-estar, o desenvolvimento, a igualdade e a justiça como valores supremos de uma sociedade fraterna, pluralista e sem preconceitos, fundada na harmonia social e comprometida, na ordem interna e internacional, com a solução pacífica das controvérsias, promulgamos, sob a proteção de Deus, a seguinte CONSTITUIÇÃO DA REPÚBLICA FEDERATIVA DO BRASIL", repetindo a Constituição de 1967.

A razão de invocar-se a inspiração divina está no fato de os homens procurarem dar às suas normas maior credibilidade e buscarem no Alto, proteção para a edição da norma.

Historicamente, é na autoridade do pai ou patriarca que reside a vontade para ditar as regras de comportamento. E é neste autoritarismo que as ditaduras, modernamente, se baseiam.

O movimento pendular da História, já explicitado por Spengler, mostra que a pulverização do poder absoluto de uma só pessoa implica na democracia, onde todos participam da elaboração das normas e culmina com o caos demagógico das legislações democráticas, para, posteriormente, retornar a um governo forte, para, em seguida, novamente desaguar em um novo processo legislativo participativo.

Ditar as regras e normas de comportamento, portanto, configura um poder.

Em sua essência, a ação legislativa traduz a vontade do Estado, quer emanada de uma só pessoa (ditadura) quer de órgãos colegiados (democracia), porquanto qualquer que seja o regime político adotado pelo Estado, legislar é ato de vontade emanado de uma só pessoa ou de um colegiado, que dita normas de conduta e comportamento às circunstâncias de tempo, lugar e matéria.

O ato de legislar, portanto, decorre do poder que o Estado possui para tanto. Vale dizer que o querer legislativo há de provir de um governo institucionalizado.

A lei é o ato de vontade do Estado emanado da autoridade competente e obriga as pessoas a ela submetidas.

Distinguem-se como requisitos de eficácia da lei:
a. a competência do agente legislativo;
b. a generalidade do preceito;
c. a positividade no âmbito territorial.

Para que a lei como enunciado geral e imperativo assim seja considerada deve emanar de agente competente, ou seja, revestido da capacidade para legislar. Por exemplo, ainda que o texto legal tenha sido escorreitamente elaborado por um técnico em legislação, porém se lhe faltar a competência legislativa, ou seja, se lhe faltar a legitimidade para o exercício da função, referido texto não passará de mero enunciado, sem qualquer imperatividade.

O cerne do ato legislativo reside, portanto, na formulação de leis com força de império.

O Estado moderno tem sua concepção estrutural baseada na doutrina de Montesquieu, segundo a qual o Estado é composto de três poderes: o Executivo, o Legislativo e o Judiciário.

É o Legislativo, no Estado moderno, que se encarrega da elaboração das leis. É o Legislativo que detém o poder político, através do qual, atendo-se aos critérios de conveniência e oportunidade, formula e edita as leis.

O Legislativo, segundo Locke, é o que tem o direito de estabelecer como se deve utilizar a força da comunidade no sentido da preservação dela própria e de seus membros.

Em se tratando de poder, a atividade legislativa do Estado vincula-se estreitamente às formas de governo e está atreita ao regime político.

A expressão regime político designa o modo efetivo por que se exerce o poder num determinado Estado. Menos sinteticamente pode-se dizer que regime político é o conjunto de elementos que, de fato ou de direito, concorrem para a tomada de decisões coletivas.

Assim, o regime político compreende os elementos que concernem ao fundamento do poder, à escolha dos governantes, à estrutura do governo e à sua própria limitação.

É, portanto, como ensina o Prof. Manoel Gonçalves Ferreira Filho, numa sinédoque que se fala em regime democrático (aplicando o termo regime ao fundamento do poder), em regime representativo (usando-o com referência ao exercício do poder por eleitos pelo povo), em regime parlamentarista (levando em conta o relacionamento entre poderes), em regime constitucional (fazendo referência à limitação do poder pela Constituição).

A sinedóque é uma figura de linguagem, na qual se toma a parte pelo todo.

A atividade legislativa do Estado, como não poderia deixar de ser, acha-se balizada pelo regime político do Estado.

Pode-se deferir a prerrogativa legislativa, portanto, a um monarca ou a um ditador com poderes absolutos, ou sujeitá-lo ao Parlamento, onde a norma é, antes de ser promulgada, submetida ao crivo de debates e discussões objetivando sua aprovação ou não.

No mundo de hoje, a tipologia dos regimes políticos oferecida por Juan Linz é a seguinte: o democrático, o autoritário e o totalitário.

Democrático é o regime político que permite a livre formulação das preferências políticas, por meio das liberdades básicas de associação, informação e comunicação, com o objetivo de livre competição entre líderes para, em intervalos regulares, disputarem o direito de governar, por meios não violentos.

Autoritário quando apresenta um limitado pluralismo político, sem uma ideologia elaborada, sem extensa ou intensa mobilização política, no qual o líder, ou o grupo governante, exerce o poder dentro de limites mal definidos, embora previsíveis.

Totalitário, para J. Linz, é o que se caracteriza por uma ideologia oficial, um partido único, de massa, que controla toda mobilização política e o poder concentrado em favor de um pequeno grupo que não pode ser afastado do poder por meios institucionalizados e pacíficos.

O totalitarismo é fenômeno político próprio deste século, não se identificando com as formas comuns e abundantes no passado, de opressão política ou de despotismo governamental.

Em qualquer dos três tipos de regime político a atividade legislativa do Estado se caracteriza pela edição de normas gerais de conduta a serem obedecidas pelo povo dentro dos limites territoriais de sua soberania. Há mesmo um princípio jurídico que diz: "A sabedoria do legislador acaba na fronteira."

Há, assim, estreita relação entre a lei e a política, uma vez que a lei brota da necessidade de se ajustar a conduta da comunidade a objetivos determinados pela política, sendo certo ainda que "ex facto oritur jus".

A ação de legislar relaciona-se com o direito positivo. Não se trata de, ao se formular a lei, adaptá-la ao caso concreto, mas sim trata-se de impor normas abstratas a serem cumpridas por quantos se vejam envolvidos nas circunstâncias previstas nas hipóteses que declara.

O fim objetivado pelo legislador deve levar em conta o bem comum, a justiça e a eqüidade. Ao formular a lei deve pautar-se em razão dos costumes, das necessidades e do temperamento do povo para o qual a lei é dirigida.

A adaptação da lei ao caso concreto é tarefa reservada à atividade jurisdicional do Estado que, no Estado Moderno, é exercida pelo Poder Judiciário.

7. Atividade Legislativa

A atividade do legislador, quer como pessoa, quer como órgão colegiado, é editar a lei, "declaração solene da norma jurídica".

Ao editar a lei, deve o legislador utilizar-se de pesquisas ou de debates com a opinião pública, auscultando as necessidades jurídicas do meio social para o qual, em última análise, a lei é dirigida.

A elaboração legislativa não deve, entretanto, ser feita a esmo, não se reduzindo à mera vontade do Estado, mas deve obedecer a uma técnica legislativa, observando-se os fins gerais e particulares do direito.

Oportuna a recomendação feita por Pontes de Miranda quando preleciona: "Legislar o menos possível seria uma e a primeira das mais sábias direções para os que se encarregam de fazer as leis. E a segunda não seria menos útil: revelar, e não fabricar ou inventar o direito" (cf. *Sistema de Ciência Positiva do Direito*, pág. 356).

Elcir Castelo Branco, com percuciência anota que: "não convém que o legislador exerça em profusão o seu poder de estatuir novas normas, senão provocará instabilidade nas relações, eliminando o poder de convicção do direito. Tornará instável o contexto jurídico, inflacionando cada vez mais as causas de legislar, passando a editar normas num fluxo desalentador. A objetividade e a parcimônia em instituir novas normas é que podem fazer do legislar uma função técnica, adequada a uma realidade estável. Se a todo momento se modificam as normas, as pessoas ficam à espera das novidades e ordenam de maneira insegura suas relações, vivendo a expectativa permanente de mudanças" (cf. estudo publicado no verbete Legislar, in *Enciclopédia Saraiva*, vol. 48, pág. 267).

O alcance da atividade legislativa atinge, portanto, os bens da vida. Tudo quanto se relacione ao ser humano, ao meio social e até mesmo a estrutura e o funcionamento da administração pública, entendendo esta como o próprio Estado em sua dinâmica, constitui objeto de regulamentação normativa.

O princípio de legalidade, acolhido nas legislações dos povos modernos, expressa-se no comando de que "ninguém será obrigado a fazer ou deixar de fazer alguma coisa senão em virtude de lei" (art. 5º, inciso II, da Constituição Federal).

Atua, assim, o Poder Legislativo como se fosse verdadeira caixa de ressonância dos anseios da coletividade, no sentido de captar o sentimento coletivo e dar-lhe o conteúdo normativo.

Aliás, nos regimes democráticos os corpos legislativos são constituídos por representantes eleitos pelo voto popular, de sorte que a representação popular se faz presente na formulação legal.

Sob o ponto de vista formal a atividade do Poder Legislativo é a de elaborar a lei. Por atividade formal legislativa se entende a atividade vinculada à fonte da qual ela emana.

8. Outras Atividades do Poder Legislativo

Precipuamente a atividade do Poder Legislativo é a de elaborar a lei. Lei que, na definição de Clóvis Beviláqua, é a "ordem geral obrigatória que emanando de uma autoridade competente reconhecida, é imposta coativamente à obediência de todos".

Aqui se está referindo à elaboração da lei, em sentido estrito, aquela que se expressa em norma escrita dimanada do Poder Legislativo, porquanto a lei, em sentido lato, é qualquer norma jurídica escrita que revista os caracteres de validade e eficácia, desde que emanada de agente administrativo a quem a lei, em sentido restrito, outorgue competência para tanto. Na acepção de lei, em sentido lato, enquadram-se, portanto, as leis, em sentido estrito, os decretos, os regulamentos, resoluções, portarias, circulares.

Em face da confusão a que o uso do vocábulo lei possa conduzir, usa-se o vocábulo "legislação" para aludir à lei em sentido amplo, reservando-se o emprego do termo lei para o seu significado estrito.

A criação da lei é a resultante de atos formais que decorrem de competência da autoridade que a elabora e da observância de um processo legislativo e que é o conjunto de atos levados a efeitos pela autoridade legiferante, com o objetivo final de criar a norma contida na lei.

Assim, a competência legiferante e o processo legislativo são dois dos sinais exteriores que possibilitam o reconhecimento da lei como válida e eficaz.

Tanto a competência do agente legiferante, quanto o processo legislativo estão contemplados na Constituição (arts. 44 a 69, da Constituição Federal de 1988).

Do ponto de vista didático pode-se, no processo legislativo, indicar as seguintes fases de elaboração da lei:

a. iniciativa;
b. aprovação;
c. sanção;
d. promulgação e publicação.

A fase da iniciativa caracteriza-se pela apresentação do texto "de lege ferenda", isto é, da norma que se pretende ver transformada em lei. O texto com o teor normativo que se pretende transformar em lei, antes do início do processo legislativo toma o nome de anteprojeto, o qual, apresentado na fase da iniciativa, passa a denominar-se projeto de lei, assim sendo identificado até o final do processo legislativo.

Apresentado o projeto de lei, na fase da iniciativa do processo legislativo, segue-se a fase de sua aprovação, que é o ato pelo qual o órgão ou autoridade a quem se reservou a elaboração da lei declara estar de acordo com o projeto apresentado.

A fase de aprovação, no processo legislativo, pressupõe a discussão, que é o momento no qual se aferem as vantagens e desvantagens da lei proposta, a ela se seguindo a votação, no caso de a autoridade que a aprova ser um colegiado, composto por agentes que representam o povo.

Nesta fase, a da aprovação do projeto de lei, nota-se a nítida influência da ideologia política dos agentes legislativos, sendo, portanto, a resultante desta fase – aprovação ou não – a ressonância que o projeto apresentado produz na coletividade à qual é dirigida, uma vez que os agentes legislativos exercem a representação popular.

Vencida a fase da aprovação, no processo legislativo, segue o projeto de lei para a fase seguinte, que é a da sanção. A sanção equivale à aprovação, mas dela se diferencia porque diz respeito à eficácia da norma "de lege ferenda" e é submetida à aprovação da autoridade que a irá executar. Ao sancionar a lei, a autoridade a quem está afeta a sua aplicação manifesta sua concordância com a norma aprovada.

A sanção normativa decorre do princípio basilar do constitucionalismo moderno da separação dos poderes, posto que, considerando-se a existência de um poder que legisla, o Poder Legislativo, e outro que executa as leis, o Poder Executivo, a sanção, fase do procedimento legislativo, compete ao Chefe do Poder Executivo e consiste no ato pelo qual ele manifesta a sua concordância com o projeto aprovado pelo Legislativo.

Vê-se, portanto, que na elaboração de uma lei concorrem dois poderes do Estado Moderno, de tal sorte que se pode dizer que a lei é ato administrativo, "lato sensu", complexo, o qual, na lição de José Cretella Júnior é "todo ato administrativo que só se concretiza pela manifestação da vontade, concomitante ou sucessiva, de mais de um órgão do Estado, quer singular, quer coletivo" (cf. *Tratado de Direito Administrativo*, Forense, 1966, vol. II, págs. 92/93).

Pode ocorrer, contudo, que o Chefe do Poder Executivo, manifestando sua discordância com o que foi anteriormente aprovado pelo Poder Legislativo, não sancione o projeto de lei. Surge aqui a figura do veto, que é a manifestação negativa da sanção. "Quid inde", então, com a tramitação do processo legislativo? A aposição do veto do Executivo ao projeto de lei aprovado pelo Legislativo tem o efeito de interromper o processo legislativo, levando-o, portanto, a nova discussão*.

Considerando ter sido aprovado o projeto de lei pelo Legislativo e sancionado pelo Executivo, segue-se a fase da promulgação, que é um ato administrativo emanado da Chefia do Poder Executivo, simultaneamente com a edição da sanção.

Ao promulgar a lei o Chefe do Executivo atesta a existência de uma lei regularmente elaborada e apta a produzir efeitos.

Na Constituição em vigor, no art. 65, os conceitos de sanção e promulgação são utilizados como sinônimos.

"Art. 65 - O projeto de lei aprovado por uma Casa será revisto pela outra, em um só turno de discussão e votação, e enviado à <u>sanção ou promulgação</u>, se a Casa revisora o aprovar, ou arquivado, se o rejeitar" (grifo nosso).

Por promulgação se entende a afirmação de que a lei está criada e pronta para ser cumprida. Como afirma Paulino Jacques, "é o ato que declara a existência da lei", assim como Pontes de Miranda, para quem "é a atestação da existência da lei e proclamação de sua executoriedade"

---

* Exemplo de caso de veto - ver D.O.E., de 30 de janeiro de 1991 - transcrito no anexo.

(cf. *Curso de Direito Constitucional*, 8ª ed. e *Comentários à Constituição de 1946*, 2ª ed., respectivamente).

A promulgação, contudo, é conceitualmente diferente da sanção de lei. A sanção implica na aprovação pelo Executivo da lei aprovada pelo Legislativo e pressupõe o direito de veto. A promulgação decorre da sanção e tem o escopo de atestar a existência da lei aprovada pelo Legislativo e sancionada pelo Executivo.

Pode-se, portanto, dizer que sem a sanção não há promulgação.

Não se exaure o processo legislativo, contudo, com a promulgação da lei. Ultima-se-o com a publicação da lei.

É através, portanto, da publicação que a lei se torna pública, isto é, torna-se conhecida a seus destinatários e passa, então, a vigorar como tal. Pela publicação é que se estabelece o início da vigência da lei, que pode coincidir com a data de sua publicação ou a partir de uma data especificada na própria lei.

O artigo 1º, da Lei de Introdução ao Código Civil Brasileiro (Decreto-lei nº 4.657, de 4 de setembro de 1942) estatui:

"Art. 1º - Salvo disposição contrária, a lei começa a vigorar em todo o país quarenta e cinco dias depois de oficialmente publicada".

Este período que medeia a publicação da lei até o início de sua vigência denomina-se "vacatio legis".

A finalidade da "vacatio legis" é preparar tanto as autoridades quanto as pessoas atingidas pela lei. Veja-se, por exemplo, que o Código Civil foi promulgado a 1º de janeiro de 1916 e sua vigência foi estabelecida para 1º de janeiro de 1917 (art. 1806). O Código de Processo Civil de 11 de janeiro de 1973 teve sua vigência iniciada em 1º de janeiro de 1974 (art. 1220).

Este, portanto, o "iter" a ser trilhado na elaboração legislativa. A lei para que possa ser assim considerada deve, do instante em que foi apresentada, na fase da iniciativa, percorrer todas as demais fases seguintes e sucessivas e que são, como já se acentuou, a da aprovação, a da sanção, a da promulgação e, por fim, a da publicação.

Esta ordem seqüencial das fases da elaboração legislativa é imprescindível para que se considere legítimo o processo legislativo. A inobservância de qualquer das fases do processo legislativo, acarreta sua invalidade e, em conseqüência, vicia sua edição.

A título de ilustração, no anexo ao final deste trabalho, transcreve-se sentença do r. Juízo da 3ª Vara da Fazenda Municipal, em São Paulo, prolatada em mandado de segurança, apreciando, em caso concreto, a nulidade de processo legislativo exatamente por estar viciado em uma de suas fases.

Essa sentença foi mantida pelo E. Tribunal de Justiça, conforme transcrito no anexo (*Revista dos Tribunais*, vol. 573/96).

A tarefa teleológica cometida, por excelência, ao Poder Legislativo é a de elaborar a lei, a qual se inicia com a iniciativa de apresentação do projeto e se perfaz com a aprovação, completando-se, a final, com a sanção e promulgação do Executivo, para coroar-se com a publicação, em verdadeira operação complexa. É que configurando-se o Poder Legislativo nas pessoas de seus membros em representante do povo, o mesmo, ao aprovar o projeto de lei, exerce função de uma verdadeira caixa de ressonância dos anseios e das aspirações do corpo social. Daí porque ser uma tarefa indelegável a ser exercida pelo legislador, sem que se o submeta a qualquer pressão hierárquica, agindo ele no desempenho de suas atribuições com total independência e liberdade. Esta independência é que caracteriza a chamada independência jurídica dos membros dos poderes do Estado, segundo a qual não há subordinação hierárquica quando, no exercício de suas atividades precípuas, os agentes estatais a desempenham.

Assim, ao se apresentar o projeto de lei e ao ser ele discutido, para aprovação posterior, os legisladores atuam independentemente, uma vez que a eles se delegou a representação popular.

Tal é o que ocorre, também, no Poder Judiciário, com relação aos juízes quando conduzem processos e os julgam. Fazem-no com total independência, sem que se fale em obediência hierárquica.

A independência jurídica, contudo, só encontra balizas na lei que, inclusive, dispõe quanto à competência dos agentes, tema em torno da qual gravita o presente trabalho.

Para que o Poder Legislativo possa elaborar a lei, que é, na definição de Clóvis Beviláqua, "ordem geral obrigatória que, emanando de uma autoridade competente reconhecida, é imposta coativamente à obediência de todos", faz-se necessário, além dos legisladores, agentes do poder propriamente, do concurso de outros servidores que o auxiliem, a fim de que a tarefa precípua seja realizada. Estes servidores, tanto os da área técnica quanto os da administrativa, compõem o corpo funcional do Poder Legislativo.

A organização administrativa do Poder Legislativo rege-se por disposições do Direito Administrativo e nela vigora o princípio hierárquico.

Até mesmo para a composição da mesa diretora dos trabalhos legislativos as disposições hierárquicas devem ser observadas.

Vale dizer, portanto, que a independência jurídica do legislador só é de se admitir enquanto o legislador atua como tal, ou seja, como agente do poder que elabora a lei.

Assim é que, no tocante, por exemplo, à concessão de licenças, pedido de licença dos legisladores e dos demais servidores que se acham vinculados ao Poder Legislativo, referidos expedientes hão de ser apreciados administrativamente, realizando, então, o Poder Legislativo tarefa eminentemente de cunho executivo, como se administrador fosse e não como legislador.

Esta é uma atividade-meio desempenhada pelo Poder Legislativo para que a atividade-fim, que é a elaboração da lei, possa ser alcançada.

Igualmente, o Poder Legislativo, no âmbito das comissões de sindicância, exerce papel de julgador, como, por exemplo, ao aplicar penalidades administrativas aos legisladores e aos servidores a que se acham vinculados, na hipótese de transgressões administrativas e regulamentares.

Trata-se de atividade julgadora, porém sem se confundir com a atividade jurisdicional, que é precípua do Poder Judiciário.

O desempenho de atividade-meio para que se alcance a atividade-fim dos poderes também se verifica no âmbito dos dois outros poderes: o executivo e o judiciário.

O desempenho de atividades-meio pelos poderes configura atividade anômala por eles exercida.

O exercício destas atividades-meio, caracterizando efetiva prática executiva por parte do Poder Legislativo, é que, a final, possibilita-o à consecução de sua atividade-fim, à elaboração legislativa.

9. Poder Constituinte e Competência Legislativa

Ao Poder Legislativo compete, assim, precipuamente, a elaboração da lei, sendo ele, dos três poderes estatais, no ensinamento do Prof. Manoel Gonçalves Ferreira Filho, o principal dos poderes, dentro da sistemática da "separação dos poderes, não só porque mais de perto representaria o soberano, como também ser o poder que estabelece a lei que todos obriga". (*apud Enciclopédia Saraiva*, vol. 59, pág. 137). Na realidade, não há poder principal ou acessório. Os três poderes são essenciais.

Sá Filho (cf. *Relações entre os Poderes do Estado*, Borsoi, 1959, pág. 81), diz:

"*Na escala ascendente da formação democrática dos poderes, a magistratura se coloca no primeiro degrau, seguindo-se-lhe o Executivo e encontrando-se na cúpula, o parlamento. Natural, portanto, é que o Poder Legislativo, nas democracias, sob qualquer forma, usufrua verdadeira preeminência sobre os demais. Se essa posição lhe assegura a sua origem popular, ampla e renovada, reforça-se, sobretudo, pela sua função eminente de criador da lei, que informa o estado de direito, modelador das nações modernas. Na verdade, antes de tudo, cumpre fazer as leis para, em seguida, executá-las e interpretá-las*".

O Poder Legislativo, ao lado do Executivo e do Judiciário, é poder constituído e, como tal, retira sua força da Constituição, a qual, como Lei Maior, traça sua competência e seus limites.

Celso Neves, em suas anotações ao Curso de Pós-Graduação da Faculdade de Direito da Universidade de São Paulo, em 1986, assim se referiu:

"*A experiência revela a necessidade de separação de poderes mas, também, de um sistema que equilibre as resultantes do exercício de cada qual deles, a fim de estabelecer-se a harmonia do funcionamento dos órgãos do Estado, sem a qual se compromete a sua própria estrutura. Daí a fixação, de um lado, dos chamados círculos de competência dos poderes Legislativo, Executivo e Judiciário e, de outro lado, da disciplina das relações entre esses poderes*".

A Constituição, por sua vez, deriva do Poder Constituinte que tem a "facultas" de criar e revisar a Constituição.

Nessa dupla atividade – criação e revisão – de produção originária ou mudança da ordem jurídica fundamental e suprema do Estado é que reside a nota distintiva do Poder Constituinte.

Há entre os doutrinadores dissensão quanto ao alcance do Poder Constituinte; uns, como Recaséns Siches, sustentam que ao Poder Constituinte comporta apenas a produção originária do direito, porquanto nem toda substituição ou reforma da Constituição representa produção originária do direito porque não inaugura um novo sistema jurídico e nem determina uma solução de continuidade com a ordem anterior, já que uma Constituição pode ser modificada ou substituída seguindo o processo de reforma previsto explícita ou tacitamente na Constituição anterior, aquela que se pretende modificar ou substituir. Outros, contudo, como Rui Barbosa e Kelsen, advogam a tese de que, algumas vezes, uma certa mudança na Constituição encontra-se fora da atribuição do órgão legislativo instituído pela Constituição, reservando-se para tal uma Constituinte, um órgão especial apenas competente para as emendas constitucionais (cf. Kelsen, in *General Theory of Law and State*, pág. 259, citado por Pinto Ferreira, *Enciclopédia Saraiva*, verbete Poder Constituinte).

Anotada a existência desta dissensão doutrinária, a praxe do direito positivo justifica a essência do Poder Constituinte como órgão criador e revisor das Constituições, já que é um poder supremo, originário, dotado de soberania, com capacidade de decisão em última instância, não se submetendo a nenhum preceito anterior do direito positivo, autolimitando a sua própria vontade ao estabelecer as normas reguladoras da atividade estatal, subordinando-se apenas à pressão social do grupo, às exigências do bem comum, aos valores jurídicos ideais ou à opinião pública que o gerou.

Tem-se, portanto, que o Poder Constituinte, matriz de todo direito positivo, é, na sua essência, um poder unitário e indivisível e não um poder coordenado, como os outros poderes (Executivo, Legislativo e Judiciário).

O Poder Constituinte representa, portanto, o anseio máximo do grupo social no tocante ao direito posto, o qual, por sua vez, se instrumentaliza através da atuação dos poderes instituídos.

A quem se confere a titularidade do exercício do Poder Constituinte? A resposta há de ser buscada no regime político vigente na sociedade, em determinado momento histórico. Assim, o titular da função constituinte pode ser ora um rei ou ditador, ora uma classe, ora o próprio povo.

A competência do Poder Legislativo, acha-se, assim, traçada e delineada pelo Poder Constituinte, já que é este quem dá origem à Constituição e pode alterá-la, modificá-la e até mesmo substituí-la.

Assim sendo, se a Constituição é fruto e resultado de um poder distinto, segue-se que sua existência é contemporânea à Constituição escrita, uma vez que tanto na Antiguidade quanto na Idade Média esta distinção não era conhecida.

Diz-se, portanto, que o Poder Constituinte é *originário* quando edita Constituição nova que substitua uma anterior ou quando dá origem à organização de um novo Estado e diz-se ser *derivado* ou *instituído* quando desdobra a Constituição ou traz modificações parciais a seu texto.

A estas considerações que repousam na base do Direito Constitucional, necessárias para a compreensão e o estudo da competência legislativa, devem se acrescer outros lineamentos, igualmente básicos, sem os quais o desenvolvimento ficaria truncado. Daí porque, embora elementares, devem ser repisados.

Diz-se *rígida* a Constituição que, sendo escrita, só se altera mediante processos especiais, decorrentes do exercício do Poder Constituinte. E, por outro lado, chamam-se *constituições flexíveis* aquelas que, escritas às vezes, não escritas sempre, podem ser modificadas pelo processo legislativo ordinário.

Em meio a estas duas modalidades, ainda quanto à estabilidade constitucional, um terceiro tipo pode ser identificado, a *Constituição semi-rígida*. Esta é a Constituição escrita, cujas regras, em parte, podem ser modificadas pelo processo legislativo ordinário (flexíveis) e em parte por ela própria determinada, só podem ser alteradas por processo especial (rígida). Como exemplos de constituições semi-rígidas temos a Constituição brasileira de 1824 e a atual, de 1988, quando no art. 3º, do Ato das Disposições Constitucionais Transitórias, estabelece que a revisão constitucional será realizada após cinco anos, contados de sua promulgação.

Na esteira do mesmo raciocínio de que é necessário repisar conceitos básicos constitucionais, para o melhor desenvolvimento e alcance do estudo, a Constituição, em sentido jurídico, deve ser entendida como *"o conjunto de regras concernentes à forma do Estado, à forma do governo, ao modo de aquisição e exercício do poder, ao estabelecimento de seus órgãos, aos limites de sua ação"*, como, percucientemente, preleciona o Professor Manoel Gonçalves Ferreira Filho (In *Curso*, Ed. Saraiva, 5ª ed., 1975, pág. 20). Ou seja, é na Constituição que se encontra fixada a competência legislativa.

O fato de algumas constituições escritas incorporarem regras de matéria não constitucional, como, por exemplo, as de proteção à família, à criança, ao adolescente e ao idoso, insculpidas na Constituição brasileira de 1988 (Capítulo VII, arts. 226 a 230) encontram justificativa na maior estabilidade de que gozam as regras constitucionais, embora não sejam, propriamente, matéria constitucional. Estas regras são, portanto, chamadas formalmente constitucionais, porque embora devessem ser objeto de leis ordinárias têm a forma constitucional.

As constituições escritas deveriam ser breves, com elevado teor educativo, reservando-se apenas a tarefa de fixar as regras principais atinentes à estrutura e funcionamento do Estado, deixando ao legislador ordinário a competência para a edição de leis ordinárias de matéria constitucional, como, por exemplo, a lei eleitoral ou a lei de execução orçamentária. Este dualismo, possibilitando esta mescla de atuação do legislador constitucional e do legislador ordinário, faz com que se distinga a existência de uma Constituição formal (a Constituição escrita) e de uma Constituição material (o conjunto de regras materialmente constitucionais, pertençam ou não à Constituição escrita).

10. Constituição e lei ordinária

O vocábulo Constituição deriva do prefixo *cum* e do verbo *stituire, stituto* que significa compor, organizar, constituir. Na acepção comum indica o conjunto dos caracteres morfológicos, físicos ou psicológicos de cada indivíduo ou a formação material de cada coisa.

No domínio da Ciência do Estado, o vocábulo "lato sensu" designa o conjunto dos elementos estruturais do Estado e, "stricto sensu", significa a lei fundamental do Estado, ou como define Pedro Calmon, é "o corpo de leis que rege o Estado, limitando o poder de governo e determinando a sua realização".

O conceito de Constituição é fato cultural, criado pelo homem e, portanto, trata-se, também, de fato histórico.

Conquanto desde a antiguidade grega os filósofos e, entre eles Aristóteles, já se apercebessem de que, entre as leis, havia algumas que organizavam o próprio poder, sendo, por isso, logicamente anteriores e superiores às demais, não se ousou afirmar que o homem pudesse modelar essa organização segundo um ideal racionalmente estabelecido, considerando-se que essa organização era necessariamente fruto da história. Igualmente até o surgimento das Constituições escritas não havia qualquer diferença formal entre as leis que versavam sobre a organização do Estado e as que diziam respeito a qualquer outra matéria.

É o que, com acuidade preleciona Manoel Gonçalves Ferreira Filho, ao iniciar o estudo do constitucionalismo, aduzindo que somente no século XVIII, o Século das Luzes na Europa, no período do Iluminismo, que se concretizou a idéia de que o homem pode estabelecer a organização do Estado, segundo sua vontade, numa Constituição, que comportaria um conjunto de regras escritas, superiores ao poder estabelecido, exatamente porque seriam elas que o instituiriam.

Com o advento da Constituição escrita lançou-se a semente de hierarquia das leis, no topo da qual situa-se a Constituição, como a lei das leis, possibilitando a Kelsen a criação da sugestiva pirâmide normativa.

A idéia da Constituição escrita, como instrumento de institucionalização política resulta, por outro lado, de uma criação coletiva, lastreada em precedentes históricos e doutrinários, resultante dos *pactos*, dos *forais* ou *cartas de franquias* e dos *contratos de colonização* e nas *doutrinas contratualistas medievais* e nas *leis fundamentais do Reino*, desaguando afinal na filosofia iluminista.

Pode-se dizer que estes antecedentes, arduamente conquistados desde a outorga da *Magna Carta* de João sem Terra, em 1215, é que motivaram os ideais da Revolução Francesa, culminando com a Declaração de 1789, na qual consagrou-se a idéia da supremacia constitucional, quando em seu artigo 16 assim expressou: *"Toda sociedade na qual não está assegurada a garantia dos direitos nem determinada a separação dos poderes, não tem Constituição".*

Do que se expôs, portanto, tem-se que todo o sistema do direito posto, do direito positivo, deriva da Constituição, sendo ela a matriz e a geradora de todas as demais leis que regem a vida em sociedade, sendo que a existência do Estado e do seu poder e bem assim a legitimidade da ordem adotada pelo Estado é que justificam a existência da norma como disciplina da convivência social.

Decorre daí que do conteúdo da norma, bem como do poder que dela emana, surge a idéia de hierarquia das normas.

Como afirma **Temístocles Brandão Cavalcanti**, *"constitucionalidade é uma idéia de relação entre determinado ato e padrões que devem ser obrigatoriamente obedecidos. A violação desses padrões é que tira ao ato o seu valor, a sua validade, a sua eficácia"*. E, continuando a expor seu pensamento, a propósito da hierarquia das normas, estatui: *"em nosso sistema jurídico esses padrões são em diversos níveis, um ato será ilegal quando violar a lei, uma lei será inconstitucional quando violar a Constituição. São normas de conteúdo e de importância diferentes e, por isso, colocados em escala hierárquica"* (cf. *Do Controle da Constitucionalidade*, Forense, 1ª ed., 1966, pág. 19).

Carré de Malberg estabeleceu uma escala hierárquica das normas dispondo que, no alto, estaria a Constituição que domina todas as regras, porque ela é a norma geradora de todas as outras. Entre estas, em primeiro lugar se encontram as leis, normas gerais e abstratas, geralmente impessoais e excepcionalmente individuais. Derivando das leis, encontram-se os regulamentos que estabelecem normas gerais, mas que são dependentes das leis. E, na base da escala, encontram-se as decisões e prescrições individuais.

No direito brasileiro e no plano federal ou estadual, essa hierarquia poderia ser expressa da seguinte forma: em primeiro lugar, está a Constituição, e em seguida, sucessivamente, viriam a lei, o regulamento, instruções, circulares, portarias e, por fim, as decisões administrativas.

Através desta colocação hierárquica a regra maior limita sempre a menor quanto à sua extensão e conteúdo, ou seja, se a norma menor colidir com preceito da norma maior, deixará aquela de ser válida.

Como adverte o publicista Temístocles Brandão Cavalcanti, "esse princípio, entretanto, não impede, antes exige, pela natureza de cada uma das normas, que elas tenham a liberdade de exercer em toda a sua plenitude a função específica que lhes é atribuída", isto porque "cada uma dessas normas decorre de uma competência expressa e de uma função específica da autoridade de que emana", para, com acuidade, asseverar que se assim não se considerar "seria mutilar o Poder Executivo, reduzindo a sua competência regulamentar, como seria reduzir o poder das diversas autoridades, estabelecendo limitações maiores ao exercício de sua competência normativa" (op. cit. pág. 20).

Na visualização da escala hierárquica das normas, constata-se a afirmativa anteriormente feita (item 8) de que tanto o Poder Executivo, quanto o Poder Judiciário, que têm, respectivamente, a tarefa precípua de administrar e de julgar, podem, anomalamente, legislar, da mesma forma que o Poder Legislativo, que tem a atribuição precípua da elaboração legislativa, pode, também anomalamente, administrar e julgar.

A quebra de hierarquia das normas deve ser pronunciada pelo Poder Judiciário que, no caso, exerce a chamada jurisdição constitucional.

O controle da constitucionalidade das normas, para a apreciação de inconstitucionalidade de uma lei ou de um ato do poder público e a sua decretação ou não, segundo se apure ou não o atrito com a Constituição, pode se dar em caso concreto, em processo comum, em que a argüição é feita dentro de uma controvérsia jurídica entre partes ou, ainda, através de argüição direta de declaração de inconstitucionalidade.

Se, no curso de uma demanda judicial, surge uma questão constitucional argüída por qualquer das partes, geralmente como matéria preliminar, o juiz ao resolvê-la, quanto à validade do ato ou da lei em face à Constituição, estará exercitando o controle da constitucionalidade naquele caso concreto que, no entanto, não é o objetivo da ação, o qual repousa em uma relação jurídica que envolve a aplicação de uma lei cuja validade é contestada em face à Constituição.

Os requisitos para a regularidade do processo judicial contra atos inconstitucionais nas demandas instauradas entre partes são, segundo Rui Barbosa, os seguintes:

a. que o direito cuja ofensa se acusa, se firme em disposição da Constituição Federal se for do Legislativo o ato impugnado, de Constituição ou de leis, se for do Executivo;
b. que a intervenção judicial seja provocada por quem tenha interesse;
c. que essa intervenção obedeça à ação regular, segundo as normas do processo;
d. que a ação não tenha por objeto o ato inconstitucional, mas se refira à inconstitucionalidade como fundamento do pedido;
e. que a decisão se limite ao caso em litígio, não decretando a nulidade em tese do ato, mas subtraindo a sua autoridade à espécie;
f. que a execução se realize somente entre as partes, não atingindo os casos análogos, que dependem de novas demandas enquanto não for renovado por quem de direito.

Após enunciar estes princípios, resume em conclusão que estas regras podem ser consubstanciadas em uma só, a de que a inaplicabilidade do ato inconstitucional decide-se, em relação a cada caso particular, por sentença proferida em ação adequada e executável entre as partes (cf. *Atos Inconstitucionais*, 1ª ed., 1893, pág. 123).

Em que momento processual pode ser argüida a *inconstitucionalidade*?

A *questão constitucional* pode ser levantada em qualquer fase do processo instaurado entre as partes, em qualquer instância, mesmo no âmbito do recurso extraordinário. E pode ser argüída pelo autor, pelo réu, pelo assistente ou opoente. Até mesmo "*ex-officio*" já têm os tribunais apreciado a matéria constitucional.

Ao lado da *argüição de inconstitucionalidade* que pode ser declarada em caso concreto, envolvendo partes definidas, existe outro processo de argüição direta de inconstitucionalidade e que visa exclusivamente a apreciação da constitucionalidade ou não de uma lei ou ato da Administração e, embora tenha origem em um caso concreto ou, pelo menos, em hipótese concreta, não tem por objeto obter decisão sobre determinada relação jurídica, na qual se discutem direitos subjetivos das partes litigantes.

A Constituição brasileira em vigor, estatui em seu artigo 103, que tem legitimidade para propor a ação de inconstitucionalidade, cuja competência originária para o seu processamento e julgamento pertence ao Supremo Tribunal Federal, no referente a lei ou ato normativo federal ou estadual. Dispõem o art. 102, I, "a", **in verbis**:

1. "Art. 102, I, "a" - Compete ao Supremo Tribunal Federal, precipuamente, a guarda da Constituição, cabendo-lhe:

2. I - processar e julgar, originariamente:

3. a ação direta de inconstitucionalidade de lei ou ato normativo federal ou estadual;"

E o art. 103 assim estabelece:

"Art. 103 - Podem propor a ação de inconstitucionalidade:
   I. o Presidente da República;
   II. a Mesa do Senado Federal;
   III. a Mesa da Câmara dos Deputados;
   IV. a Mesa de Assembléia Legislativa;
   V. o Governador do Estado;
   VI. o Procurador-Geral da República;
   VII. o Conselho Federal da Ordem dos Advogados do Brasil;
   VIII. partido político com representação no Congresso Nacional;
   IX. confederação sindical ou entidade de classe de âmbito nacional.

§ 1º O Procurador-Geral da República deverá ser previamente ouvido nas ações de inconstitucionalidade e em todos os processos de competência do Supremo Tribunal Federal.

§ 2º Declarada a inconstitucionalidade por omissão de medida para tornar efetiva norma constitucional, será dada ciência ao Poder competente para a adoção das providências necessárias e, em se tratando de órgão administrativo, para fazê-lo em trinta dias.

§ 3º Quando o Supremo Tribunal Federal apreciar a inconstitucionalidade, em tese, de norma legal ou ato normativo, citará, previamente, o Advogado-Geral da União, que defenderá o ato ou texto impugnado."

11. Conclusão

Do que se expôs forçoso é concluir que a elaboração legislativa é a atividade precípua do Poder Legislativo, sendo que a matéria a ser legislada alcança os bens da vida, entendendo-se como tais tudo quanto se relacione com o homem, com o ser humano, com o meio social e até mesmo com a estrutura e funcionamento da Administração Pública, expressão dinâmica do próprio Estado.

A lei, como ordem geral obrigatória que, emanando de uma autoridade competente reconhecida, é imposta coativamente à observância de todos, afigurando-se como norma de conduta essencial à vida em sociedade. E para que possa ser elaborada há de observar uma técnica legislativa que capte e sintonize os anseios de seus destinatários, de sorte que a competência legiferante e o processo legislativo são dois sinais exteriores de reconhecimento de sua validade e eficácia.

Para a elaboração da lei o Poder Legislativo desempenha outras atividades, de natureza judicial e de natureza administrativa. São as chamadas atividades-meio, necessárias para a consecução de sua competência precípua e, seu exercício, pode-se dizer, é anômalo.

A competência reservada ao Poder Legislativo, como artífice da elaboração legislativa, é extraída da Constituição e esta, por sua vez, resulta do Poder Constituinte.

A Constituição é a lei das leis, ou seja, é a lei da qual todas as demais derivam. É a Constituição que irradia as demais leis e, por isso, estabelece-se a denominada hierarquia de normas, onde a menor deve, necessariamente, subordinação à maior.

Capítulo Terceiro

ATIVIDADE JURISDICIONAL

12. Jurisdição

Em qualquer agrupamento humano, sempre surgem conflitos de interesses. Isto porque o ser humano, vivendo em sociedade, gravita em torno de bens que, sendo limitados, se destinam à sua utilização. Sem alguns destes bens o homem não teria condições de sobrevivência e, sem outros, não teria meios de desenvolvimento. A relação que vincula o homem e os bens é que se chama *interesse*. Há *conflito de interesses* quando duas ou mais pessoas disputam o mesmo bem. Os antigos romanos já diziam que *o direito é a arte do meu e do seu*. Assim, para decidir o conflito de interesses é que surge a figura do terceiro desinteressado, estranho à demanda, o qual, chamado ou imposto a decidir a controvérsia, *dá a cada um o que é seu*. Nos primitivos agrupamentos humanos, ao chefe do grupo é que estava reservada esta tarefa. No Estado Moderno, a função jurisdicional é exercida pelo Poder Judiciário, o qual, harmonicamente com o Poder Legislativo e o Poder Executivo, desempenha a missão de conservar e desenvolver as condições da vida em sociedade. O poder soberano do Estado acha-se, assim, distribuído entre as funções legislativas, administrativas e jurisdicionais.

Como legislador, o Estado estrutura a ordem jurídica, formulando leis destinadas à conservação e desenvolvimento da vida em sociedade.

Ao realizar a ordem jurídica, aplica o Estado a lei e aplica-a no exercício de sua tarefa administrativa para a garantia do bem comum. Já no exercício de sua atribuição jurisdicional, compõe os conflitos de interesses, perturbadores da ordem jurídica.

A jurisdição é, portanto, um dos poderes decorrentes da soberania do Estado. Trata-se de poder que consiste na atuação, na realização do direito objetivo, da norma elaborada pelo próprio Estado, compondo os conflitos de interesses e dessa maneira resguardando a ordem jurídica e a autoridade da lei. Trata-se de função de poder, do Poder Judiciário.

Na realidade, a função jurisdicional está diretamente ligada à função legislativa e, para seu desempenho, pressupõe a existência da lei.

Trata-se de função exercida pelo Estado desde quando se tornou proibida, vedada a autotutela dos interesses individuais em conflito, por ser comprometedora da paz social e se reconheceu que nenhum outro poder se encontra em melhores condições de dirimir os litígios do que o Estado, não só pela força de que dispõe, como por nele presumir-se interesse em assegurar a ordem jurídica estabelecida.

A atribuição da atividade jurisdicional ao Poder Judiciário, no Estado Moderno, deriva do princípio da separação dos poderes do Estado, consagrada pela Revolução Francesa e até que assim fosse insculpida no ordenamento jurídico dos Estados modernos trilhou um longo caminho evolutivo, vindo de tempos imemoriais, nos quais a autoridade do chefe do grupo social acumulava as tarefas de fazer a lei e aplicá-la e dirimir conflitos, passando para o período da delegação a funcionários, aos quais eram conferidos os poderes de, em nome do chefe, legislar, administrar e julgar, chegando mesmo ao período em que a jurisdição era exercida pelo próprio povo, através de deliberação tomada em assembléias populares.

Se atualmente jurisdição pressupõe lei, houve tempo, no período formulário do Direito Romano, em que a legislação e a jurisdição podiam ser exercidas concomitantemente, porque aos magistrados, a quem era conferida a jurisdição, ao decidirem o conflito de interesses a eles apresentado, podiam e muito comumente criavam o direito a ser aplicado.

O que caracteriza, também, a jurisdição é que se trata de atividade do Estado que decorre de provocação do interessado. Ou seja, a atividade jurisdicional só ocorre desde que o interessado lhe provoque a atuação, levando ao conhecimento do Poder Judiciário a existência do conflito de interesses e, dessa forma, procurando obter decisão sobre a controvérsia. Esta característica acha-se consagrada no princípio *"ne procedat judex ex officio"*.

A atividade jurisdicional decorre da atividade legislativa que é seu pressuposto. Como prelecionam Araújo Cintra, Grinover e Dinamarco, na grande maioria dos casos os preceitos legais cumprem-se por livre volição das pessoas às quais se dirigem, satisfazendo-se direitos, cumprindo-se as obrigações, extinguindo-se normalmente relações pessoais, sem qualquer interferência dos órgãos jurisdicionais, sem a necessidade de instauração de processo. Como sugestivamente ensinam, essa é a vida normal do direito, a sua *fisiologia*; a *patologia* é representada pela dúvida em torno da existência ou significado do preceito concreto ou pela insatisfação de uma pretensão fundada no mesmo, dando origem à lide. Nesses casos, em que se verifica o estado patológico, é que o Estado, provocado por aquele que se sente contrariado em seu interesse, estimulará o exercício jurisdicional, fazendo-o através do processo (*apud Teoria Geral do Processo*, Ed. Rev. Trib., 1976, pág. 18).

Dessa maneira, atuando a lei, a jurisdição faz justiça, a qual desde a Antiguidade era concebida como *"ars boni et aequi"* e que se continha na definição de Celsus como sendo *"suum cuique tribuere, alterum non laedere, honeste vivere"*.

Aliás, como ressalta Nelson Saldanha, em quase todas as línguas dos povos ocidentais e dos clássicos, as palavras que designam a idéia de justiça têm ligação com a idéia de retitude, da mesma maneira como as que designam a idéia do direito, assim, no latim, os primitivos termos *"ius et fas, ius et iustitia"* que desembocaram no texto das Institutas de Justiniano, intitulado *"De iustitia et de iure"*. A retidão, a *"direção certa"* (ortos, rectitudo) representaram sempre um lastro simbólico para a idéia do agir "correto". Veja-se que em alemão, Gerechtigkeit (justiça) apresenta evidente enlace com Recht (direito), da mesma forma como se procura vincular a idéia de justiça à idéia de proporção (cf. *Enciclopédia Saraiva*, verbete Justiça, vol. 47, pág. 306).

A tutela jurisdicional, que decorre de provocação do interessado, se faz através do processo e que é um método de trabalho estabelecido em normas adequadas. A essa soma de atividades em cooperação, e à soma dos poderes, faculdades, deveres, ônus e sujeições que impulsionam essa atividade, dá-se o nome de processo.

O processo é, portanto, instrumento de que se serve o Estado para a realização da atribuição jurisdicional, no sentido de, aplicando a lei ao caso concreto, dar a cada um o que é seu.

O complexo de normas e princípios que regem o processo, como método de trabalho, tem o nome de direito processual.

Estas considerações básicas devem ser complementadas com as considerações de que direito material é aquele cujas normas regulam as relações jurídicas referentes aos bens e utilidades da vida, os quais são disciplinados pelas regras emanadas do direito civil, penal, administrativo, comercial, tributário, trabalhista etc., configurando-se a substância e o fundamento do conflito de interesses, submetidos à apreciação jurisdicional. O campo de atuação do direito processual está reservado apenas à atuação dos sujeitos do processo e na forma de se proceder aos seus atos, não interferindo quanto ao bem da vida que é o objeto primário dos litigantes e que se assenta no direito material.

A função jurisdicional, da qual decorrem suas atividades, assenta-se em três princípios basilares: o da investidura, o da indelegabilidade e o da aderência territorial.

Pelo princípio da investidura tem-se que a jurisdição só pode ser exercida por quem dela se ache legitimamente investido.

A jurisdição é função do Estado e, portanto, seus órgãos, os juízes que a compõem, devem ser nela investidos por ato oficial e legítimo, sob pena de considerarem-se nulos os atos praticados por quem nela não esteja legitimamente investido.

A investidura decorre de operação complexa, no campo do funcionalismo, abrangendo o ato de nomeação, a aceitação pelo funcionário no cargo e sua conseqüente posse. Ou seja, para que alguém possa ser considerado legitimamente investido em cargo público necessário se faz que seja ele nomeado para o cargo e que tome posse do mesmo.

A este respeito, F.H. Mendes de Almeida elucida: "posse é o complemento da investidura, que é o ato conferidor da posse. E a prova disso é que, pela simples posse de cargo público, ninguém entra em exercício regular, podendo, quando muito, ser havido como funcionário de fato, se não clandestino ou criminoso" (*Noções de Direito Administrativo,* 1956, pág. 177).

O princípio da indelegabilidade da jurisdição é aquele que obriga o juiz, que exerce a função jurisdicional, a realizá-la pessoalmente, não se permitindo sua delegação a outrem. Este princípio está intimamente relacionado com o da investidura.

O terceiro princípio informador da função jurisdicional é o da aderência da jurisdição ao território, através do qual se constata que a jurisdição pressupõe a existência de um território onde a mesma é exercida. O exercício jurisdicional acha-se traçado nas leis de organização judiciária que estabelecem os contornos territoriais da atuação dos juízes e tribunais.

Não há falar-se em delegação de funções ou invasão de competência quando o juiz, para a prática de um ato processual que deva se realizar fora de sua circunscrição territorial, deva valer-se do juiz desta, através de solicitação contida em carta-precatória, porque a atuação do deprecante se realiza por meio da atuação jurisdicional do deprecado, no limite de sua competência territorial.

O Prof. José Cretella Júnior conceitua a figura da invasão de função como sendo: "a exorbitância com penetração na esfera privativa de outro funcionário, o que ocorre ou quando o agente de um poder pratica atos administrativos da competência exclusiva de agente de outro poder (invasão de função absoluta), ou quando o funcionário exorbita de suas atribuições dentro do mesmo poder, praticando atos da competência de outro funcionário seu colega (invasão de função relativa)".

E conclui a conceituação, esclarecendo quanto às conseqüências da invasão de função, dizendo que, na hipótese de invasão de função absoluta, os atos são inválidos porque ferem princípio basilar de direito constitucional e, no caso de invasão de função relativa, orientam-se conseqüências jurídicas pelo direito positivo e pela maior ou menor gravidade atribuída à exorbitância, bem como pelas circunstâncias peculiares aos casos.

A jurisdição, portanto, pode ser considerada como *poder*, no plano da soberania estatal; como *função*, nos limites das atribuições que caracterizam o sistema orgânico do Estado; e, como *atividade*, no âmbito do processo.

A jurisdição, como a definiu Chiovenda, é "a função do Estado que tem por escopo a atuação da vontade concreta da lei por meio da substituição, pela atividade de órgãos públicos, já no afirmar a existência da vontade da lei, já no torná-la, praticamente, efetiva".

13. Jurisdição e Administração

Eis aqui duas das três facetas de atuação do Estado. Estas, ao lado da atividade legislativa, compõem a dinâmica da potestade pública.

Embora as atividades legislativas, administrativas e jurisdicionais derivem da soberania do Estado e sejam harmônicas entre si, guardam, contudo, independência e harmonia uma da outra (art. 2º, da Constituição Federal). E são harmônicos.

Não há muita dificuldade em estabelecer distinção entre a função legislativa e a jurisdicional, isto porque, no desempenho da função legislativa, o Estado elabora leis, que são normas gerais e abstratas que regulam a convivência social, enquanto, no exercício da função jurisdicional, o que ocorre é a atuação da lei no caso concreto, ou seja, a lei é especializada para o caso concreto e que dá o embasamento ao conflito de interesses que se instaurou a respeito, necessitando-se da provocação do interessado para sua atuação. A especialização da lei ao caso concreto é que caracteriza a atuação jurisdicional, ou seja, a norma geral e abstrata, formulada pelo legislador, se individualiza e se transforma num comando concreto entre as partes, tornando-se, assim, a decisão jurisdicional, lei que vincula as partes interessadas. Já, ao administrar, a autoridade competente aplica a lei de ofício, sem provocação. E isto é a função do Executivo.

Mesmo quando o juiz, em alguns casos, cria o direito ao decidir por eqüidade ou quando a lei é lacunosa, não está ele propriamente criando o direito, senão que, nesta atividade anomalamente por ele desempenhada, está agindo na conformidade do disposto no ordenamento jurídico, já que, para estas hipóteses, anormais é certo, há previsão legal a respeito. Assim, veja-se que tanto no Código de Processo Civil, quanto na Lei de Introdução ao Código Civil, no Brasil, encontram-se disposições normativas que possibilitam ao julgador o exercício normativo.

Dispõe o Código de Processo Civil em seus artigos 126 e 127 que:

"Art. 126 - O juiz não se exime de sentenciar ou despachar alegando lacuna ou obscuridade da lei. No julgamento da lide caber-lhe-á aplicar as normas legais; não as havendo, recorrerá à analogia, aos costumes e aos princípios gerais de direito".

"Art. 127 - O juiz só decidirá por eqüidade nos casos previstos em lei".

E, por outro lado, o art. 4º, da Lei de Introdução ao Código Civil traz a seguinte dicção:

"Art. 4º - Quando a lei for omissa, o juiz decidirá o caso de acordo com a analogia, os costumes e os princípios gerais de direito".

Dessa maneira, nítida é a distinção entre as funções do legislador e a do julgador. Àquele se reserva o ato de *criação da lei,* enquanto a este se reserva a *atuação,* a *aplicação da lei às hipóteses de conflito de interesses dela derivados.*

Já, no entanto, a distinção entre a função jurisdicional e administrativa do Estado se torna mais difícil, porque tênues e sutis são os elementos que a distinguem, uma vez que tanto uma quanto a outra aplicam o direito preexistente a casos concretos.

O vocábulo administração é genérico e se emprega tanto no âmbito do direito privado quanto no âmbito do direito público. Trata-se de vocábulo análogo, isto é, apresenta mais de um significado, todos eles, porém, ligados por um ponto comum, sugerindo a idéia de organização, de orientação para um fim, de caráter econômico ou não, privado ou público. No campo do direito público, pelo critério negativista, Administração é toda atividade do Estado que não se reduz à esfera legislativa ou jurisdicional. Este critério distintivo, no entanto, é falho, por ser insuficiente. Não se pode dizer que algo é desde que não seja nem uma coisa ou outra, resultando ser um resíduo.

O Prof. Celso Neves, em anotações para o desenvolvimento do curso de pós-graduação na Faculdade de Direito da USP, em 1986, apontava diversos critérios existentes para a distinção entre jurisdição e administração, dizendo: "dos critérios aventados para distinguir jurisdição de administração, não basta a consideração dos órgãos, porque a especificação de funções diversas não decorre de sua atribuição a este ou aquele órgão. Do fato de ser um ato praticado pelo juiz e outro pelo administrador não se segue que aquele seja, necessariamente, jurisdicional e este administrativo", concluindo o período com esta observação precisa: "Acresce que à separação conceitual das funções não corresponde uma separação absoluta de poderes. Assim e porque um órgão pertencente à administração pode ter função jurisdicional, é necessário a procura de um critério diverso do orgânico para distinguir jurisdição da administração".

Prosseguindo com sua preleção, o emérito professor disse: "um traço distintivo já se nota, em plano apriorístico, na circunstância de ser o funcionário administrativo sujeito a um sistema hierárquico de atribuições, enquanto que o juiz é o órgão autônomo e independente no exercício de suas. Entretanto, há funcionários de ápice e técnicos que *não estão sujeitos à hierarquia funcional".*

Nem tampouco no critério de ser autônoma a função jurisdicional pode ser buscada a distinção, porque esta autonomia é que exprime uma conquista do Estado Moderno, em que a lei é expressão de uma vontade geral ou coletiva que vincula à sua disciplina os próprios órgãos do Estado, porque autônomos são, também, como anota Celso Neves, certos funcionários da administração, mormente no plano das atividades técnicas.

Há, também, quem procure nos efeitos do ato jurisdicional e administrativo a sua distinção, entendendo-se que aquele produz a coisa julgada e este não. Porém, há atos administrativos que, em virtude de sua natureza, são também imutáveis, mormente aqueles sobre os quais o Judiciário só tem o "controle" de legalidade, e não o de oportunidade ou conveniência.

Também não há estabelecer-se a distinção nas garantias superiores da função (independência do funcionário; formas processuais; direito de defesa; direito ao contraditório). Nem na natureza pública ou privada do interesse, desde que à administração, como à jurisdição, cabe a tutela de interesses, assim, públicos como privados.

Quem melhor estabeleceu o critério distintivo entre jurisdição e administração foi Chiovenda. Para este eminente processualista peninsular a nota distintiva reside no caráter substitutivo de uma atividade pública a uma atividade alheia, existente na função jurisdicional e inexistente na administrativa.

Na função administrativa exercita-se atividade imposta, direta e imediatamente, pela lei aos órgãos públicos.

O juiz age, atuando a lei, ao passo que o administrador age em conformidade com a lei. O juiz considera a lei em si mesma, o administrador considera-a como norma de sua própria conduta. A administração desempenha atividade primária ou originária; a jurisdição uma atividade secundária ou coordenada. A administração julga sobre a própria atividade; a jurisdição julga da atividade alheia e de uma vontade da lei concernente a outrem, substituindo-se na atividade deste.

É, pois, no caráter substitutivo de atuação do juiz, na atuação da lei, que reside a distinção da jurisdição com a administração, porque o juiz, ao decidir um conflito de interesses entre partes, atua a lei e aplica-a no caso concreto. Já o administrador em sua atividade cumpre o comando legal diretamente.

Procura-se expor este traço distintivo à crítica de que a substitutividade não ocorre quando é a própria administração ou outros órgãos públicos sejam parte. Mas, ainda aqui se sobressai a característica distintiva, porque o órgão jurisdicional não substitui as partes, mas sim, suas atividades. Dessa maneira, numa demanda entre a administração, que é órgão do Estado, e o particular, o juiz, que também é órgão do Estado, não o substitui, mas sim, as atividades, tendo em vista a sua finalidade precípua que é a de atuar a lei ao caso concreto.

14. Atividades do Judiciário

Definida a jurisdição como "a função do Estado que tem por escopo a atuação da vontade concreta da lei por meio da substituição, pela atividade de órgãos públicos, já no afirmar a existência da vontade da lei, já no torná-la, praticamente, efetiva", e considerando que esta atuação se enquadra como função, no âmbito das atribuições que caracterizam o sistema orgânico do Estado e que, como expressão da soberania estatal, se corporifica como Poder, as atividades dela decorrentes encontram sua expressão no processo.

Assim, para o desenvolvimento do tema, ao se analisar as atividades do Judiciário, há de, necessariamente, considerar suas repercussões no processo.

A função jurisdicional do Estado, exercida pelo Poder Judiciário, visa à atuação da lei aos casos de conflitos de interesses ocorrentes e que são levados a juízo para que sejam dirimidos pelo Estado-juiz. Compondo os conflitos de interesses a jurisdição resguarda a ordem jurídica e ao afirmar e especificar a vontade abstrata da lei ao caso concreto, atribui a cada uma das partes neles envolvidos aquilo que é seu, estabelecendo, assim, a aplicação da medida justa e adequada.

Humberto Theodoro Júnior, com acuidade, preleciona que: "deve-se entender a jurisdição como a atividade que o Estado exerce visando à realização prática das normas jurídicas, quer quando declara o direito do caso concreto, quer quando o executa efetivamente. Pela jurisdição, o Estado não cria o direito, nem mesmo o completa. Apenas revela e faz atuar suas normas preexistentes. Com ela, o Estado realiza uma de suas funções fundamentais, substituindo os titulares dos interesses em conflito, para imparcialmente buscar a atuação da vontade do direito objetivo substancial válido para o caso concreto" (cf. *Processo de Execução*, Livraria e Editora Universitária do Direito, 4ª ed., 1978, pág. 10).

A existência da jurisdição na civilização moderna não admite a solução dos litígios por meio da chamada "justiça privada" ou "justiça de mão própria". A institucionalização da chamada "justiça oficial", detida com exclusividade pelo Estado, é que faz surgir para o indivíduo integrante do corpo social o direito subjetivo ou a faculdade assegurada de invocar sempre a atuação estatal para solucionar suas controvérsias com terceiros, obtendo a composição oficial do conflito de interesses, através da atuação da vontade concreta da lei, o que se obtém com a sentença judicial que é emanada do Poder Judiciário.

Esta atuação da vontade concreta da lei, entretanto, só é alcançada desde que haja provocação por parte do interessado em obtê-la. É que a atividade jurisdicional acha-se condicionada ao interesse do eventual lesado em solucioná-lo, tanto que vigora em sua plenitude o princípio *"ne procedat judex ex officio"*.

Assim a tutela jurisdicional do Estado realiza-se através do exercício do direito de ação, que é o direito subjetivo fundamental do direito processual, no dizer de Liebman, e que se inscreve como garantia constitucional individual. Na Constituição Federal do Brasil ela está consagrada no art. 5º, inciso XXXV, *"in verbis"*:

"Art. 5º - Todos são iguais perante a lei, sem distinção de qualquer natureza, garantindo-se aos brasileiros e aos estrangeiros residentes no País a inviolabilidade do direito à vida, à liberdade, à igualdade, à segurança e à propriedade, nos termos seguintes:

XXXV - a lei não excluirá da apreciação do Poder Judiciário lesão ou ameaça de direito".

Com a propositura da ação, que visa a obtenção da sentença judicial, através da qual se obtém a atuação da vontade abstrata da lei ao caso concreto, dá-se início ao processo que é não só uma série de atos coordenados pela finalidade comum que visam a atender, mas também uma relação jurídica, no dizer de Liebman (cf. *Processo de Execução*, 3ª ed., pág. 42).

De fato, no processo trava-se uma relação jurídica entre o Estado, de um lado, e as partes em conflito, de outro lado, ficando o órgão judicial no vértice do ângulo formado pelos interesses dos litigantes. E é, por isso, que se diz que o processo instaura uma relação jurídica processual.

Para o exercício da atividade jurisdicional o Estado cria órgãos especializados e que compõem o Poder Judiciário. Estes órgãos, contudo, não podem atuar discricionária ou livremente, dada a natureza da atividade que lhes compete. Devem atuar subordinados a um método ou sistema de atuação e que é o processo.

Com o pedido da parte, que aciona a atividade do Poder Judiciário, dá-se início a uma série de atos que formam o procedimento judicial e cujo conteúdo sistemático vem a ser processo.

Dessa maneira, com a instauração do processo, forma-se uma relação jurídica processual, que é uma relação jurídica de direito público geradora de direitos e obrigações envolvendo todos os sujeitos da relação processual, ou seja, o juiz e as partes, cujo objetivo é obter a declaração ou a atuação da vontade concreta da lei.

Na base destas conceituações, verifica-se, portanto, que processo e procedimento são conceitos diversos.

Como leciona José Frederico Marques, "processo é o método, isto é, o sistema de compor a lide em juízo através de uma relação jurídica vinculativa de direito público, enquanto procedimento é a forma material com que o processo se realiza em cada caso concreto" (cf. *Instituições*, ed. 1958, vol I, pág. 14).

Pode-se afirmar, portanto, que a provocação da atividade jurisdicional se dá através da ação e esta é que vai instaurar a relação jurídica processual, sistematizando-se no processo e este, por sua vez, exterioriza-se no procedimento, com o qual se revela a maneira com que se vai atingir o escopo da tutela jurisdicional.

Como aduz, sugestivamente Ernane Fidelis dos Santos, citado por Humberto Theodoro Júnior, o processo exterioriza-se de várias maneiras diferentes, conforme as particularidades da pretensão do autor e da defesa do réu. Uma ação de cobrança não se desenvolve, obviamente, como uma ação de usucapião e nem muito menos como uma possessória. O modo próprio de desenvolver-se o processo, conforme as exigências de cada caso é exatamente o procedimento do feito, isto é, o seu rito (cf. *Processo Cautelar*, Livraria e Editora Universitária de Direito, 1976, 2ª ed., pág. 26).

O desenvolvimento destes temas – processo, procedimento, ação e jurisdição – tem fascinado e desafiado a inteligência e a percepção de eméritos processualistas, porque, sem dúvida, constituem-se fundamentos basilares de toda a construção da ciência do direito processual e a contribuição dos mesmos para o aperfeiçoamento do Direito é inegável. Não tem o presente trabalho a pretensão de trazer algo de novo neste campo, senão que a enunciação de alguns conceitos de direito processual se presta ao esclarecimento do tema central que é o estudo da competência administrativa, sendo necessário que se faça a remissão aos institutos de direito processual para sua melhor compreensão.

Feita esta ressalva, adotando-se a conceituação de processo, preconizada pelo Prof. Celso Neves, em anotações ao Curso de Pós-Graduação da Faculdade de Direito da Universidade de São Paulo, feitas em maio de 1985, tem-se que "processo é a relação jurídica de direito público, de caráter continuativo, resultado do exercício do direito de ação que tem por objeto mediato, ou a solução da lide, ou a satisfação do interesse do litigante, ou a pretensão cautelar que provisoriamente as assegure, ou a integração de negócios jurídicos que versem sobre direitos indisponíveis, mediante a prestação da tutela jurídica que, como obrigação do Estado, incumbe ao Poder Judiciário".

Nesta conceituação, verifica-se que o exercício do direito de ação é pressuposto de existência da relação processual que dele depende, sendo a ação, segundo o emérito mestre, "o direito público subjetivo de exigir do Estado a prestação da tutela jurídica processual, tendente à realização imediata do direito positivo e mediata do direito subjetivo de exigir do Estado a prestação da tutela jurídica processual, tendente à realização imediata do direito positivo e mediata do direito subjetivo, àquele correspondente" (cf. anotações ao Curso de Pós-Graduação, 2º semestre de 1986).

Ainda em decorrência do conceito de processo, tem-se que, no conceito de procedimento aparece a conotação de que se trata de reflexo do processo do qual constitui a face visível, caracterizada pela expressão formal de atos e fatos resultantes da atividade do juiz, das partes e dos órgãos auxiliares do juízo, tendentes à efetivação da tutela jurídica, assinalando o sistema de ritos com que se assegura a ordem na realização do direito e na satisfação do direito subjetivo dos litigantes.

Adotada a definição de jurisdição do Prof. Celso Neves, tem-se, portanto, que a tutela jurisdicional se manifesta por quatro formas: pela decisão, pela execução, pelas medidas preventivas ou cautelares e pela atividade jurisintegrativa ou também conhecida como de jurisdição voluntária.

Moacyr Amaral Santos estatui que "a decisão pressupõe uma pretensão real ou virtualmente contestada. O juiz deverá conhecer a lide para atuar a lei aplicável ao caso. Decide após regular conhecimento, isto é, servindo-se do processo de conhecimento. E ao decidir declara qual a vontade da lei reguladora da espécie litigiosa", concluindo que, nesta hipótese, o que se tem aí é a tutela jurisdicional de conhecimento, também chamada de declaração.

Prossegue o ilustre processualista, "mas o vencido pode não satisfazer à condenação. A pretensão acolhida pela decisão, pode não ser satisfeita. A ordem jurídica não estará, portanto, restaurada. Nesse caso, o juiz, ainda atuando a lei, exercerá atividades destinadas a transformar em realidade o comando contido na decisão" e conclui que esta atividade é que vem a caracterizar a atividade executória da jurisdição, tratando-se da tutela jurisdicional de execução.

O binômio declaração-execução condiciona a atividade processual cautelar, determinando-lhe a própria natureza, ou de declaração, ou de execução, segundo se vincule a uma, ou outra, como refere Celso Neves. Isto porque pode ocorrer que a providência jurisdicional de conhecimento ou a de execução, que reclamam tempo mais ou menos demorado, pode chegar tarde demais configurando a ocorrência do *"periculum in mora"*, em prejuízo do direito das partes.

Assim, a atividade cautelar desenvolvida pelo Poder Judiciário, através da ação cautelar, que é acessória e dependente da ação de conhecimento ou de execução, a que se serve, como via de tutela jurídica processual provisória, tendente, em face do *"periculum in mora"*, à asseguração da prova ou da pretensão, referente a processo já ajuizado – cautela incidental – ou a ajuizar cautela preparatória, configura a tutela jurisdicional cautelar ou preventiva.

Paralelamente a estas atividades desempenhadas pelo Poder Judiciário, como decorrência da apresentação da ação, tendente à obtenção de provimento jurisdicional de declaração, de execução ou de acautelamento, executa o Poder Judiciário outra atividade exclusiva, porém não tendo a característica da litigiosidade, porque não configura conflito de interesses caracterizado por uma lide, que é, em suma, uma pretensão resistida. Está aqui a se falar da chamada jurisdição voluntária ou administrativa que tem ocupado a atenção da doutrina quanto à sua exata conceituação, constituindo-se em foco de permanente discussão, seja porque entendem alguns que não se trata de atividade jurisdicional propriamente dita, caracterizando-se função meramente administrativa desempenhada pelo Poder Judiciário.

Assim é que, como partidários deste entendimento, encontram-se Mortara e Alcalá-Zamora y Castillo e, entre nós, José Frederico Marques, que afirmam não ser a jurisdição voluntária nem jurisdição, nem voluntária. Para este último autor, "a jurisdição voluntária é atividade administrativa que o Judiciário exerce para a tutela de direitos subjetivos". E exemplifica esta situação dizendo: "a venda de um bem móvel é feita sem intervenção de qualquer órgão estatal. Todavia para melhor garantir o direito de propriedade sobre bens imóveis, exige a lei que a venda destes se realize através de escritura pública e se formalize posteriormente pela transcrição no registro imobiliário. Tanto o notário que lavra a escritura como o oficial do registro que a transcreve são órgãos do Poder Público intervindo em negócio jurídico de natureza privada. Hipóteses há, no entanto, em que essa administração de interesses privados tem como órgão estatal o Poder Judiciário. Em venda de bem imóvel de incapaz, não basta a escritura pública e a transcrição imobiliária a traduzirem a tutela administrativa do Estado; imprescindível é, para que se efetue a venda, prévia autorização do Judiciário. E nisto consiste a jurisdição voluntária: ela é verdadeira administração judicial de direitos privados, porquanto o Estado, para a tutela administrativa destes, atua através do juiz" e conclui dizendo que esta forma de tutela encontra taxativa previsão legal (cf. *Manual*, 3ª ed., 1975, pág. 80).

Para os partidários de que a atividade jurisdicional voluntária pertence à jurisdição e não à administração, sendo emanação de uma atividade jurisdicional única e una, como sustentam Salta e Hernando Davis Echandia, entre os autores estrangeiros e, entre nós, José Olímpio de Castro Filho a jurisdição, como o poder de julgar, é função única.

A posição do Prof. Celso Neves se nos afigura, no caso, mais adequada para a conceituação da atividade jurisdicional voluntária, ao estatuir que: "administração pública de interesses privados também é conceito que, por sua amplitude, foge ao plano das conceituações específicas. O ser atividade originária e direta, imposta para o aperfeiçoamento válido de atos e negócios jurídicos que versem sobre direitos indisponíveis, revela não ser, nem jurisdicional, nem voluntária. *Não há, pois, nem como, nem porque denominá-la jurisdição voluntária, sendo preferível, a nosso ver, designá-la como espécie de tutela jurídica processual, de natureza juris-integrativa"* (cf. anotações do Curso de Pós-Graduação da Faculdade de Direito da Universidade de São Paulo, feitas em junho de 1986).

As atividades realizadas pelo Poder Judiciário no âmbito de processo, seja de natureza executória, ou ainda, de natureza cautelar, ou, mesmo, de caráter juris-integrativo, exteriorizam-se em atos processuais praticados pelos partícipes da relação jurídica processual que se estabelece quando a lide, no caso das ações de conhecimento, de execução ou de acautelamento, se instaura; ou, na hipótese de juris-integração, quando se faça necessário a intervenção estatal, sem que haja pretensão resistida.

O ato processual é, em sua essência, espécie do ato jurídico e o seu estudo, no campo do direito processual, tem, também, gerado acesa controvérsia para sua exata conceituação.

No âmbito restrito do desenvolvimento do tema, para o entendimento do que seja ato processual, tenha-se presente que sua noção se vincula ao processo, como relação jurídica de caráter continuativo que pressupõe um impulso inicial, a sucessão de atos e fatos processuais que expressa o seu desenvolvimento e a sentença que define o seu termo final.

Embora sujeitos a exigências de forma, elucida o Prof. **Celso Neves**, os atos processuais recebem, quanto a isso, um temperamento ditado pela própria teleologia da relação jurídica processual e que vai servir de fulcro à edificação dos chamados sistemas de nulidades, próprios do direito processual.

As atividades do Poder Judiciário para o exercício de sua tarefa precípua que é a de especializar a lei ao caso concreto estão, por outro lado, compreendidos em três poderes: o poder de decisão, o poder de coerção e o poder de documentação.

Consiste o poder de decisão no poder de conhecer, prover, recolher os elementos de prova e decidir. Neste poder é que estão compreendidas tanto as atividades de decidir a lide, pela atuação da vontade da lei ao caso concreto (decisão de mérito), quanto o de decidir no tocante aos limites e modos do exercício da própria atividade jurisdicional. Ou seja, pelo poder de decisão, o juiz atua não só a lei de conteúdo substancial ou material, quanto a lei processual ou adjetiva.

O poder de coerção mostra-se evidente no processo de execução, quando se trata de compelir o vencido ao cumprimento da decisão. Este poder também se exterioriza nos processos de conhecimento e cautelares e nos juris-integrativos quando o juiz ordena notificações de partes ou testemunhas, determina a juntada ou desentranhamento de documentos, comina ou aplica penas.

E através do poder de documentação os atos processuais são registrados por escrito.

15. Natureza da Sentença Judicial

Considerando-se a jurisdição como poder, no plano da soberania do Estado; como função, nos limites das atribuições que caracterizam o sistema orgânico estatal; e, como atividade, no âmbito do processo, tem-se que a sua atribuição precípua é a de atuar o comando abstrato da lei ao caso concreto, ocorrente entre partes que a provocam.

Esta atuação culmina com a prolação da sentença proferida pelo órgão jurisdicional, sendo, portanto, a sentença judicial a manifestação da vontade estatal que especializa o comando abstrato da lei, aplicando-o ao caso que está sendo objeto da apreciação judicial, tornando-se o clímax, o mais importante dos atos jurídicos processuais, na esfera de atividade do juiz. E embora seja um ato jurídico processual ele é, excepcionalmente, um ato destituído de processualidade, porque implica em ser o termo final do processo como relação jurídica.

O juízo que se contém na sentença deriva de uma operação de caráter crítico, através da qual o juiz escolhe entre as teses apresentadas pelas partes aquela que lhe parecer mais adequada ao direito e à justiça, proferindo o seu "decisum". Como alude Couture, "en la búsqueda de la verdad el juez actúa como um verdadero historiador. Su labor no difere fundamentalmente de la que realiza el investigador de los hechos históricos: compulsa documentos, escucha testigos de los sucesos, busca parecer de los especialistas en determinadas ramas de las ciencias afines, saca conclusiones de los hechos conocidos construyendo por conjuntura los desconocidos. En este sentido, el magistrado es el historiador de los hechos que han dado origen al juicio. Su método es análogo y también son análogos sus resultados" (cf. *Fundamentos del Derecho Procesal Civil*, 3ª ed., pág. 282). Assevera, em continuação, o doutrinador latino-americano que o juiz, ao proferir a sentença, mediante um esforço de abstração intelectual, faz a adequação dos termos da lei à hipótese ocorrente, perfazendo aquilo que na linguagem dos penalistas se considera a tipicidade.

Este mesmo enfoque, com relação ao labor intelectual do juiz, para a prolação da sentença, é dado por Rogério Lauria Tucci, ao dizer que o juiz, para que possa expressar o imperativo jurídico específico à composição da lide submetida à sua apreciação, deverá, após bem conhecê-los, analisar os fatos evidenciados pelos litigantes, fazendo incidir sobre eles o preceito ou os preceitos legais aplicáveis. Daí por que é necessário que o juiz conheça a lide a ele apresentada, em todos os seus pormenores, para poder solucioná-la (cf. *Enciclopédia Saraiva*, verbete Sentença, vol. 68, pág. 6).

A atividade intelectual desenvolvida pelo juiz para a prolação de sua sentença, aparentemente, consubstanciada em mero e frio silogismo, no qual a situação de fato representa a premissa menor e a norma jurídica, a maior, resultando a aplicação da norma à situação fática como a conclusão é, na verdade, operação das mais complexas resultando de inúmeros juízos axiológicos, onde o valor será traduzido a final no "decisorium" conclusivo, que dá a razão a um dos contendores.

No tempo de João Mendes Jr. a sentença judicial era considerada mero silogismo em que de duas premissas o juiz tirava a conclusão. A posição atual da Filosofia do Direito, mostra que a natureza jurídica da sentença judicial deve ser colocada de outro modo porque a posição final do magistrado depende de inúmeras valorações consubstanciadas em juízos de valor ou juízos axiológicos.

Evidentemente que este silogismo, como explana Rogério Lauria Tucci, no estudo por ele realizado, se refere, tão somente, ao momento final do seu pronunciamento, uma vez que, para alcançá-lo, deve o juiz realizar pesquisas, formular raciocínios e desenvolver argumentos, cuidando de delimitar o fato ou os fatos que sofrerão a incidência da lei, bem como verificar qual a regra de direito corretamente aplicável a eles. Estas atividades acham-se contidas no processo de conhecimento, o qual, na expressão de Moacyr Amaral Santos, é o instrumento destinado à cognição e à composição do litígio.

Quem estuda bem o problema é Carlos Cossio em sua obra intitulada *El Derecho en El Derecho Judicial*, livro que reúne uma série de conferências que o jurista portenho fez em 1945, em Buenos Aires

(Editora Guillermo Kraft Ltda., Buenos Aires, 1945), sendo atuais as considerações por ele expendidas, sendo digno de menção a distinção que faz entre a lei e a sentença judicial, uma vez que aquela, sendo um comando geral e abstrato, tem nesta a sua especialização no caso concreto, residindo na valorização jurídica, ou seja, no juízo de valor ou axiológico realizado pelo juiz, ao apreciar as circunstâncias do caso à nota distintiva, resultando ser a sentença judicial um dado da experiência jurídica.

Do mesmo modo o Prof. Miguel Reale, em seu conhecido livro *Filosofia do Direito*, assumindo a mesma posição, analisa a decisão do magistrado sob o prisma da axiologia. Diz Reale: "sentenciar não é apenas um ato racional, porque envolve, antes de mais nada, uma atitude de estimativa do juiz diante da prova" (§ 54). Mais adiante (§ 105) escreve: "A sentença de um juiz é também um trabalho estimativo, de compreensão axiológica e não mero silogismo" (cf. págs. 122 e 226, 4ª edição, Saraiva, 1965).

Verifica-se, portanto, que a sentença resulta da atividade mental desenvolvida pelo juiz e ao ser proferida manifesta a declaração de vontade de seu prolator que, na realidade, exerce a jurisdição em nome do Estado. Ou seja, a sentença é, ao mesmo tempo, um ato de inteligência e um ato de vontade. O que lhe dá a conformação lógica é o elemento razão e esta, acrescida do elemento volitivo, gera a imperatividade e a coercibilidade do *"decisum"*.

Se a sentença judicial fosse apenas mero juízo lógico, resultado da atividade mental do juiz, estaria desprovida da autoridade que lhe é peculiar. Seria idêntica a um parecer elaborado por um particular, ainda que possa este ser consagrado jurista. No parecer jurídico, ainda que brilhante, não se encontra nela o reflexo da potestade pública, que a torna vinculante e obrigatória. Esta *"potestas"* é exercida pelo juiz, que é o órgão estatal incumbido de desempenhar a função jurisdicional. Assim, embora na formulação do parecer percorra o parecerista, praticamente, o mesmo caminho trilhado pelo juiz na prolação da sentença, no tocante à realização de operação especulativo-prática, tendente a concretizar, quanto à aplicabilidade, o preceito abstrato da lei, em vista de uma situação definida e individualizada, como, percucientemente, anota José Frederico Marques (In *Instituições*, 4ª ed., pág. 402), inexiste no parecer o comando imperativo contido no dispositivo da sentença. Ou, em sintética expressão em inversa proposição: a sentença é um parecer qualificado, ou, o parecer é uma sentença sem comando imperativo.

Aqui se nota, portanto, que o exercício da jurisdição por parte do juiz pressupõe sua investidura no cargo público e que sua atuação funcional é indelegável, estando, ademais, adstrita à regra de competência.

No tocante à competência do órgão jurisdicional, não só o Código de Processo Civil delineia o campo de atuação da atividade jurisdicional, traçando os limites nos quais os litígios devem ser travados e, por conseqüência, giza os contornos do exercício jurisdicional, como também a Constituição Federal fixa as diretrizes norteadoras da atuação do Poder Judiciário, como expressão da soberania do Estado. Por outro lado, para que se possa operacionalizar o exercício da atividade jurisdicional, as normas de organização judiciária fixam as competências dos diversos órgãos jurisdicionais, desde a atuação de juízes substitutos de investidura temporária até a dos órgãos colegiados de segundo grau e traçam a competência e funcionamento de seus órgãos administrativos.

Vê-se, portanto, que a par de sua atribuição precípua, que é a de especializar a lei ao caso concreto, o Poder Judiciário, anomalamente, legisla e administra.

Sendo a sentença um ato de inteligência e um ato de vontade, sua função é a de declarar o direito preexistente.

Entretanto, pode suceder que o direito preexistente à declaração jurisdicional esteja contido em texto legal mal redigido, de difícil compreensão, ou, então, como ocorre com freqüência, que o legislador não tenha conseguido contemplar as hipóteses de ocorrência, dado ao dinamismo da vida em sociedade, e, diante de tais situações, o juiz deve sentenciar, decidindo por eqüidade.

A possibilidade de o juiz utilizar-se do critério da eqüidade acha-se prevista nos arts. 126 e 127, do Código de Processo Civil, "*in verbis*":

"Art. 126 - O juiz não se exime de sentenciar ou despachar alegando lacuna ou obscuridade da lei. No julgamento da lide caber-lhe-á aplicar as normas legais; não as havendo, recorrerá à analogia, aos costumes e aos princípios gerais de direito".

"Art. 127 - O juiz só decidirá por eqüidade nos casos previstos em lei".

A dicção destes dispositivos mostra que o juiz ainda quando decida por eqüidade deve estar autorizado por lei, não se podendo concluir que, decidindo desta maneira, esteja a criar o direito, isto porque, no caso de a lei ser obscura ou lacunosa, o que estará o juiz fazendo é a sua interpretação, em conformidade com os princípios de hermenêutica, atendendo aos fins sociais a que ela se dirige e às exigências do bem comum, ou seja, declarará o direito tal como expresso nessa norma por ele interpretada, porquanto a eqüidade é a justiça do caso singular, como alude Carnelutti.

Os limites objetivos da sentença judicial, dessa maneira, encontram-se circunscritos dentro dos limites em que a lide foi proposta, não podendo o juiz conhecer de questões não suscitadas pelas partes. Esta limitação decorre do princípio de que a função jurisdicional é provocada e acha-se consubstanciada no aforisma *"ne procedat judex ex officio"*.

Dessa maneira, melhor se compreende agora a definição de Chiovenda no tocante à jurisdição, como sendo a função do Estado que tem por escopo a atuação da vontade concreta da lei por meio da substituição, pela atividade de órgãos públicos, já no afirmar a existência da vontade da lei, já no torná-la, praticamente, efetiva *(Inst., § 19)*.

Isto mostra que o juiz não pode decidir além do pedido *(ultra petita)* ou fora do pedido *(extra petita)* ou, ainda, aquém do pedido *(citra petita)*.

As sentenças que assim decidam, submetidas a recursos, são nulas e ineficazes.

A sentença judicial deve, portanto, conformar-se com o que se contém na lide. Ou seja, é a lide *(pedido do autor e defesa do réu)* que delimita a sentença.

Para que a sentença seja válida e tenha eficácia deve ela observar requisitos internos, concernentes à sua estrutura, e externos, relativos à sua inteligência ou compreensão. Estes requisitos são, assim, as condições da sentença.

Quanto à estrutura, a sentença deve observar os seguintes requisitos:

a. O relatório, ou seja, a exposição que o juiz faz de todos os fatos e razões de direito que as partes alegaram e dos incidentes relevantes do que ocorreu no processo.

O relatório deve representar o material necessário à formação do convencimento do juiz. Ao elaborá-lo o juiz apreende os fatos e as razões de direito alegadas pelas partes e se capacita para o julgamento, elaborando, assim, o silogismo que se contém na sentença. A falta do relatório acarreta a nulidade da sentença.

b. A motivação é o segundo requisito estrutural da sentença. Elaborado o relatório, na prolação da sentença o juiz deve proceder ao enquadramento do litígio nas normas legais aplicáveis, de sorte a formar o seu convencimento, o qual, embora possa ser livre, nem por isso não deve ser motivado. O art. 131, do Código de Processo Civil, a este respeito, delimita a imprescindibilidade da motivação na sentença, ao estatuir: *"O juiz apreciará livremente a prova, atendendo aos fatos e circunstâncias constantes dos autos, ainda que não alegados pelas partes; mas deverá indicar, na sentença, os motivos que lhe formaram o convencimento"*. A motivação também é conhecida como fundamentação da sentença e a observância deste requisito estrutural se erige em exigência de ordem pública. A falta de fundamentação da sentença acarreta sua nulidade.

c. Como último requisito estrutural da sentença, deve ela conter o dispositivo, que não é senão a conclusão ou a decisão, sendo, portanto, o momento final e culminante da sentença, o qual, no dizer de Affonso Fraga, é *"o elemento substancial do julgado, a sua crase sangüínea, a sua vida jurídica"*, citado por Rogério Lauria Tucci (*op. cit.*).

É na conclusão ou decisão que o comando especializado da lei para o caso ocorrente se manifesta. Isto mostra que se trata de requisito estrutural e essencial da sentença, porque sua falta acarreta a inexistência da própria sentença, não se podendo conceber que ela exista sem que se contenha o *"decisum"*, onde se encontra o comando legal a ser aplicado no litígio, envolvendo as partes.

Além destes requisitos estruturais, tratando-se de um ato resultante de complexa operação lógica, fruto do labor intelectual do juiz, para sua compreensão ou inteligência, a sentença deve ser clara e precisa. Se a sentença não observar estes requisitos externos o ofício jurisdicional se mostra claudicante e defeituoso, acarretando, em conseqüência, a nulidade do ato.

Clara é a sentença que pode ser entendida sem qualquer dificuldade, isto é, que seja inteligível de plano, não ensejando qualquer interpretação ambígua ou equívoca.

Precisa é a sentença que se contenha nos limites da controvérsia que se instaurou no processo, ou seja, que aprecie, delimite e defina todos os argumentos de fato e de direito que se encontram expostos pelas partes, de modo a possibilitar a certeza da conclusão jurisdicional.

A inobservância destes requisitos externos enseja, como conseqüência, a nulidade da sentença judicial, daí por que se mostram necessárias para sua edição.

Sendo a sentença judicial a especialização do comando abstrato da lei ao caso concreto, pelo princípio do paralelismo das formas deve ela, para que possa produzir seus efeitos em relação às partes, ser *"promulgada"*.

A sentença, que é *"lex specialis"*, vincula as partes através de sua publicação. É, portanto, através da publicidade que a sentença passa a produzir seus efeitos.

Publicada a sentença e intimadas as partes litigantes de sua publicação, tem-se que a *"lex specialis"* emergente do pronunciamento jurisdicional está caracterizada, porquanto através do juiz a lei se expressa *"lex loquans"*.

16. Outras Atividades do Judiciário

A atividade precípua do Poder Judiciário, que é a de julgar conflitos de interesses e que se alcança com a sentença transitada em julgado, é realizada pelos juízes que, no desempenho da relevante atividade, atuam com total independência, sem qualquer vínculo de subordinação hierárquica, atendo-se aos ditames da lei e ao conceito do justo.

Como assinala o Prof. Miguel Reale, em toda sentença se contém a vivência normativa de um problema, uma experiência axiológica, na qual o juiz se serve da lei e do fato, mas coteja tais elementos com uma multiplicidade de fatores, iluminados por elementos intrínsecos, como sejam o valor da norma e o valor dos interesses em conflito (cf. op. cit., pág. 527).

A culminância da atividade jurisdicional é atingida quando da prolação do *"decisum"*, especializando-se, assim, a norma geral e abstrata contida na lei, tornando-se a lei para o caso concreto.

Esta atividade é, pode-se dizer, a atividade-fim do Poder Judiciário.

Para que se possa, contudo, atingi-la, o Poder Judiciário, anomalamente, realiza uma outra série de atividades, que não têm conteúdo jurisdicional, mas que constituem-se no suporte material necessário para que se possa decidir a questão judicial que se lhe é apresentada.

Realiza, assim, atividades extra-jurisdicionais e que são, na realidade, atuação de conteúdo administrativo e, também, de conteúdo legislativo.

Estas atuações anômalas podem ser compendiadas como atividades-meio do Poder Judiciário e são elas imprescindíveis para a consecução de sua atividade precípua, não se podendo, contudo, em conclusão apressada, dizer que, por isso, o Poder Judiciário seja uma emanação ou um prolongamento do Poder Executivo ou Poder Legislativo.

Os juízes que compõem o Poder Judiciário ingressam na carreira da magistratura mediante concurso público de títulos e provas (art. 93, I, da C.F.) e a carreira dos juízes é ascencional para, iniciando-se com a nomeação ao cargo de juiz-substituto e, através de entrâncias que devem ser percorridas ao longo da carreira, chegar-se ao cargo final de desembargador.

Esta evolução ascencional na carreira da magistratura se dá através de promoção, que é, como preleciona José Cretella Júnior, um modo de provimento de cargo público superior por titular de cargo inferior (cf. *Curso*, Forense, 10ª edição, pág. 471).

E é o próprio Poder Judiciário que, a respeito de promoção dos juízes, dispõe a respeito. Ou seja, ao promover um juiz, dentro da carreira da magistratura, o Poder Judiciário edita típico ato administrativo.

Da mesma maneira o Poder Judiciário age como se fosse administrador quando concede férias, licenças, remoção ou quando, no caso de juízes substitutos e auxiliares, designa-os para exercerem a jurisdição em determinada comarca ou vara judicial.

Para a consecução de sua tarefa precípua, que se constitui a sua atividade-fim, que é a de julgar os conflitos de interesses, aplicando a lei ao caso concreto, dispõe o Poder Judiciário de um quadro de funcionários administrativos, necessário para a consecução de serviços auxiliares.

Estes serviços auxiliares são prestados pelos Cartórios ou Ofícios Judiciais e pelas Secretarias dos Tribunais. Os servidores públicos que executam estas tarefas auxiliares, não sendo juízes, não dispõem da independência jurídica no desempenho de suas atribuições e, por isso, acham-se sujeitos ao princípio da hierarquia funcional. Assim, com relação aos servidores auxiliares, a chefia do Poder Judiciário assume a posição própria de administrador, sendo a ela atribuída a competência para o gerenciamento das atividades auxiliares.

"Ressalte-se, portanto, que a independência jurídica é conferida ao juiz para que possa resolver o conflito de interesses que lhe é apresentado no processo, com justiça e segundo o direito objetivo, de modo que na atuação *"hic et nunc"* dentro do processo, o juiz não recebe ordens dos tribunais superiores, visto não existir poder hierárquico de mando entre órgãos da magistratura" (cf. José Frederico Marques, in *Manual*, Ed. Saraiva, vol. I, 3ª edição, pág. 97).

E é desta independência jurídica que surge a independência política do juiz, a qual é representada pelas garantias de vitaliciedade, inamovilidade e irredutibilidade de seus vencimentos, a par com o autogoverno da magistratura.

No autogoverno da magistratura, constituído por um conjunto de atribuições normativas e administrativas conferidas ao Poder Judiciário, para que possa dirigir seus próprios destinos sem interferência estranha, embora dentro das linhas com que vem traçada, na Constituição, a harmonia dos três Poderes da soberania nacional, é que se identificam as outras atividades do Poder Judiciário, sem que, com isto, se desnature ou se descaracterize o escopo de sua atuação precípua, que é a de julgar e aplicar a lei ao caso concreto.

Como preleciona o Prof. José Frederico Marques, "administrando e dirigindo, com autonomia, os serviços judiciários, os tribunais podem resguardar, ao máximo, a independência dos juízes, subtraindo-os de intromissões indevidas e danosas dos poderes políticos dos Estados", dessa forma, com acuidade, esclarece, "embora servidor do Estado, não é o juiz um funcionário público na acepção usual da legislação administrativa, e sim funcionário *"sui generis"*, cujo *"estatuto"* é a própria Constituição da República. Daí o cuidado desta em levar aos Judiciários estaduais as normas básicas de sua organização e estrutura, de par com as garantias que dão aos juízes locais o *"status"* de magistrado, insuscetível de ser alterado ou atingido pelos outros poderes do Estado-Membro" (op. cit. pág. 99).

Anomalamente, ainda, desempenha o Poder Judiciário atividade normativa, para que a independência jurídica do magistrado, da qual decorre sua independência política, como acima expendido, seja assegurada. E este exercício legislativo por parte do Poder Judiciário não quer significar que, por isso, se desnature sua atividade precípua, que é a de julgar conflitos de interesses, aplicando a norma objetiva.

É através desta atividade legislativa do Poder Judiciário, por ele próprio exercida privativamente, que se possibilita a eleição de seus órgãos diretivos e a elaboração de seus regimentos internos, com observância das normas de processo e das garantias processuais das partes, dispondo sobre a competência e o funcionamento dos respectivos órgãos jurisdicionais e administrativos (art. 96, inciso I, da Constituição Federal).

Dessa maneira, as leis de organização judiciária, os regimentos internos de tribunais, as resoluções que fixam as custas judiciais são resultantes da atividade legislativa do Poder Judiciário e, como tais, são cogentes e de alcance geral e sua edição tem por finalidade possibilitar o pleno exercício da atividade-fim do Poder Judiciário, que é, repita-se, a de julgar conflitos de interesses, aplicando a lei ao caso concreto.

A esta altura da exposição, diante da estrutura federativa do Brasil, poder-se-ia indagar se não haveria dois poderes judiciários, o federal e o estadual, dado a que há leis de organização judiciária federal, abrangendo, inclusive, a organização do Distrito Federal e Territórios, e leis de organização judiciária estadual, abrangendo os Estados-Membros.

Embora possuam os Estados-Membros a sua justiça, o Poder Judiciário é eminentemente nacional. Não há Poder Judiciário Federal, assim como não há Poder Judiciário Estadual, conforme ensinamento de João Mendes Júnior, citado por José Frederico Marques, sendo oportuna a transcrição: "Os Estados particulares têm um Poder Legislativo e um Poder Executivo, para regerem-se em seus interesses próprios, que independem de sua ação direta e imediata: quanto ao Poder Judiciário, é eminentemente nacional, tanto na jurisdição federal quanto nas jurisdições estaduais, porque sua ação, dependendo de provocação do indivíduo, é sempre indireta e mediata, e aplica-se a direitos regulados por uma lei comum da Nação" (op. cit. pág. 93).

Justifica-se, portanto, a existência de uma jurisdição federal e de uma jurisdição estadual, ambas aptas a dirimirem conflitos de interesses, com a finalidade de aplicar o direito ao caso concreto, como uma divisão administrativa da relevante função judicante, ocorrendo a distinção de jurisdições devido a um critério de distribuição de competência da matéria envolvida nos conflitos.

"Sendo a magistratura um poder do Estado (e eminentemente nacional) para exercer atividade destinada a impor no processo o direito objetivo, compondo conflitos sobre interesses regulados quase sempre nas leis da União, esta não poderia dar aos Estados ampla liberdade para dispor sobre os judiciários locais, sob pena de comprometer a própria legislação processual e seus objetivos precípuos e básicos.

Se há entrelaçamento tão grande entre processo e organização judiciária, entre jurisdição e leis referentes a seus órgãos, justamente porque da independência, garantias e composição destes depende em grande parte a atuação imparcial e justa do juiz na relação processual, constituiria constante risco para a perfeita aplicação das leis processuais, deixar que os Estados estruturassem sua magistratura sem uma vinculação bem estreita e obrigatória aos princípios que asseguram o exercício da jurisdição com plena e completa autonomia.

Por essa razão, é nos preceitos constitucionais que as magistraturas do Estado estão realmente estruturadas; aí elas têm o seu autêntico estatuto, como órgãos da Nação no exercício da função jurisdicional" (*apud* José Frederico Marques, op. cit., págs. 93 e 94).

17. Conclusão

Do que se expôs conclui-se que a atividade jurisdicional, o ato de julgar, dirimindo conflitos de interesses e aplicando a norma de direito ao caso concreto, é a atividade precípua do Poder Judiciário.

O Poder Judiciário, ao lado do Poder Legislativo e do Poder Executivo, representa faceta da soberania nacional, pelo que o exercício da jurisdição é indelegável.

Para que o juiz, agente público a quem se reserva e se confia o ofício de julgar, possa proferir o seu *"decisum"*, guarnece-o a Constituição das prerrogativas de sua independência política, representadas pelas garantias da vitaliciedade, inamovibilidade e irredutibilidade de vencimentos, as quais decorrem de sua independência jurídica, segundo a qual, não está o juiz vinculado a qualquer disposição hierárquica, seja a tribunais superiores, seja a órgãos de outros Poderes, jungindo-se apenas e tão somente aos ditames da lei e à sua consciência, especialmente no tocante à conceituação do que é justo.

Para a aplicação da lei ao caso concreto, a fim de dirimir o conflito de interesses a que é chamado a compor, o juiz conduz o processo judicial que se instaura a respeito. Ou seja, é através do processo e no processo que as partes interessadas na busca da decisão jurisdicional deduzem sua pretensão e sua resistência. Este exercício processual é, por sua vez, regulado por leis processuais específicas e o desenrolar do pleito judicial é presidido pelo juiz que, decidindo quanto à sua tramitação regular e conforme as regras procedimentais, escoimando-o de vícios e irregularidades, prolata a sentença, a qual, transitada em julgado, especializa a lei – comando geral e abstrato – ao caso concreto, tornando-se, dessa forma, a lei para as partes, objetivamente, no caso judicialmente apreciado.

A sentença judicial, que é a resultante da atividade precípua do Poder Judiciário, tem assim relevante função de participação social e confere a necessária segurança jurídica para as partes litigantes, as quais encontram na sentença a resposta aos seus anseios de justiça, visto que a sentença, em última análise, como manifestação oficial do Estado, dá a cada um o que é seu.

Para que o Poder Judiciário possa exercer, na plenitude, a sua tarefa precípua, anomalamente, desempenha atividades administrativas e atividades legislativas, mas, nem por isso, se pode conceber que seja o Poder Judiciário uma extensão dos Poderes Executivo e Legislativo.

Estas atividades anômalas são atividades-meio para que se possa alcançar e realizar a sua finalidade, que é a de julgar.

Capítulo Quarto

ATIVIDADE ADMINISTRATIVA

18. Que é Administrar (Conceito)

Ao se procurar estabelecer o conceito de administração, há que se fazer referência à divisão, que se faz na lógica, entre termos *unívocos*, *equívocos* e *análogos*.

Termo *unívoco* é o vocábulo que designa o nome comum, predicado de vários seres, e que se aplica a todos eles com sentido semelhante ou perfeitamente idêntico, como, por exemplo, *"animal"*, que se aplica com o mesmo sentido, a todos e a cada um dos membros da classe dos *"animais"*. Embora não haja univocidade absoluta, em si e por si, a possibilidade da univocidade depende do significado preciso com que se emprega o vocábulo, na proposição enunciada.

Termo *equívoco* é o vocábulo que designa o nome que se aplica a todos e a cada um dos seres em sentido completamente diverso, como, por exemplo, *"manga"*, que, em português, pode ser parte do vestuário, fruto da mangueira, horda ou bando e até mesmo parte de eixo mecânico.

Termo *análogo* é o vocábulo que designa o nome comum, predicado de vários seres, e que se aplica a todos eles com sentido não perfeitamente idêntico, ou melhor, com sentidos semelhantes ou perfeitamente idênticos sob um dado ângulo. Os conceitos, embora diversos, apresentam pelo menos um ponto de conexão entre si, como por exemplo, os termos direito, Estado, ciência, administração.

Assim, a dificuldade em definir o conceito de administração reside, precisamente, na natureza analógica do vocábulo. Conforme o ângulo considerado, *administração* será definida, mas as definições, embora numerosas, em razão do sentido que pretendem ressaltar, sempre apresentam um ponto de contato ou de conexão. Isto não significa que o termo seja equívoco, porque qualquer juízo, raciocínio ou proposição em que se o empregue, sempre será possível, por uma das perspectivas ou aspectos, ligá-lo à idéia central, porque, na realidade, o termo *administração*, embora empregado em diversas acepções, nem por isso implica em ruptura ou desconhecimento da unidade monolítica e profunda que lhe serve de base.

Esta digressão, quanto à divisão dos termos e, particularmente, no tocante à conceituação de administração se faz necessária porque, como leciona *José Cretella Júnior*, no âmbito do direito administrativo a conceituação de administração se mostra relevante, já que o vocábulo é de uso corrente, quer na alçada do direito público - administração pública, quer no setor das relações particulares - administração privada, fugindo à índole jurídica discutir com profundidade a etimologia do termo administração e de seus cognatos administrar, administrativo, ministro, ministrar.

Diante do radical MIN, substrato etimológico do vocábulo, debatem-se os especialistas, pretendendo uns que a referida raiz estaria relacionada à mesma que originou a família lingüística dos vocábulos *manus, mandare*, mediante o elemento comum de ligação MAN, ao passo que, para outros, a raiz MIN, antônimo perfeito de MAG, teria estreito parentesco com as palavras *minor, minus, minister.* No primeiro caso, está presente a idéia de *comando ativo*, de orientação, direção, chefia e, no segundo, a idéia oposta de subordinação passiva, de orientado, dirigido, servidor.

O que é evidente é que nas famílias de mencionadas palavras há sempre a idéia geral de *relação hierárquica,* de subordinante a subordinado (*apud Tratado*, vol. I, pág. 21).

No conceito do vocábulo *administração* o que emerge evidente e se sobressai é o seu sentido dinâmico, a que se associa, sempre, a idéia de vontade organizada, orientada, dirigida para um fim, de caráter econômico ou não, de natureza privada ou pública, já que "administrar não é função específica dos entes públicos, porque todo particular é, no fundo, um administrador, na medida em que ordena um negócio para atingir fins determinados e executa os atos necessários para concretizar seus desígnios. Tenha-se presente, em suma, a presença dum fenômeno administrativo toda vez que se verifica a existência duma operação prática, dirigida à obtenção duma utilidade concreta. Administrar é operar. Por isso é indispensável separar a administração pública da administração privada, ao passo que não se poderia proceder de modo idêntico em relação às funções legislativas ou jurisdicionais" (Vitta, *Diritto Amministrativo*, 3ª ed., 1949, vol. I, pág. 4).

Estas considerações iniciais apontam para a extrema dificuldade com que se debate o estudioso da matéria, a ponto de Batbie, referido por Temístocles Brandão Cavalcanti (in *Tratado*, 1955, pág. 47), advertir que não existe palavra cuja aplicação seja mais comum e a significação exata menos conhecida do que *administração*, decorrendo esta confusão dos numerosos pontos de contato entre a administração, o poder político e o Governo de um lado, e de outro, o direito comum e a autoridade judiciária.

E, exatamente, para evitar possíveis confusões, também antevistas por José Cretella Júnior (*op. cit.*, pág. 22), advindas do emprego abusivo e indiscriminado do vocábulo, com o que se o esvaziou de sentido, propugnando até mesmo o seu não emprego, como ensina Waline, mister se faz, tanto quanto possível, a sua conceituação.

Como ponto de partida, dessa forma, é preciso não esquecer que o vocábulo *administração*, no campo do direito público, é sinônimo perfeito de *administração pública*, como acentuou Fleiner, citado por José Cretella Júnior.

Esta necessidade de conceituação precisa, mormente quando se emprega termos ou vocábulos análogos, implica em estudo sistemático e faz parte, mesmo, da formação jurídica, sem a qual a confusão deitará suas raízes, levando a conclusões errôneas e equivocadas. Grant Gilmore, jurista norte-americano, em seu *"As Eras do Direito Americano"* (Ed. Forense Universitária, 1ª ed., 1978, pág. 156) menciona ter sido discípulo de Wesley Alba Sturges, na Faculdade de Direito de Yale, ressaltando que a tônica do curso por ele ministrado, repousou em última análise, sobre o uso e usos da palavra, como algo realmente muito importante para o ofício e arte do jurista.

Agustin Gordillo, em seu livro *Princípios Gerais de Direito Público* (Ed. Revista dos Tribunais, 1977), também inicia seu estudo ressaltando a necessidade de se fixar o conceito das palavras, ou seja, exprimir o conteúdo da idéia vinculada pelo verbo, acentuando que as palavras não são mais do que rótulo nas coisas, os quais nelas são colocados para que possamos falar delas, resultando a linguagem numa convenção sobre quais rótulos colocar nas coisas, advindo daí o uso comum ou convencional das palavras. Porém, adverte o mestre platino, o uso comum das palavras é insuficiente na linguagem científica, pois geralmente carece de precisão por ser vago e ambíguo, ou seja, freqüentemente uma mesma palavra pode ser utilizada numa grande diversidade de sentidos e aqueles que a empregam nem sempre são conscientes de qual é o sentido em que estão utilizando no momento, nem qual o sentido em que o seu interlocutor a está empregando. Daí que, diante desta dificuldade, embora não exista obrigação de se ater ao uso comum, é preciso que ao se empregar uma palavra distinta ao uso comum, dever informar sobre o significado que se está empregando, porque se assim não se fizer, poder se entender o seu significado no uso comum. Ou, em outras palavras, "qualquer um pode usar o ruído que quiser para se referir a qualquer coisa, contanto que esclareça o que designa o ruído em questão" (*op. cit.*, pág. 4).

O conceito de *administração*, portanto, no campo do direito público, há de ter o significado de administração pública e, como já antevisto no início deste trabalho, enquadra-se ela como uma atividade do Estado, exercida de modo ininterrupto, na realização do direito positivo.

Como sustentou Caio Tácito, em 1951, quando da defesa de sua tese ao concurso para Livre-Docente de Direito Administrativo, na Faculdade de Direito do Rio de Janeiro: "O Estado realiza as suas atividades por meio de funções específicas que se distinguem, no sentido formal, segundo o órgão que as exercita e do ponto de vista material, em relação ao seu conteúdo próprio. Por intermédio da *função legislativa* disciplina-se a ordem jurídica, com a formulação de regras gerais e obrigatórias. Pela *função administrativa* concretiza-se a norma de direito, exprimindo-se, de modo prático, a substância abstrata da lei. Pela *função jurisdicional* decidem-se, de forma conclusiva, as situações contenciosas.

A função legislativa corresponde à criação da norma jurídica, dentro da norma constitucional. A função administrativa e a jurisdicional são modalidades de realização do direito positivo. Baseados nessa identidade extrínseca, pretendem alguns limitar as funções do Estado a duas únicas categorias: à função legislativa, que edita a regra de direito e à função executiva, que a realiza, nessa última se unindo tanto a função administrativa, como a jurisdicional.

Sem dúvida, considerada no plano ideal, a lei apresenta dois momentos: o de sua criação e o de sua execução. A dinâmica social evidencia, porém, que o direito não se realiza sempre espontaneamente, ou sem oposição. Há, na aplicação da lei, um fenômeno de *contradição*, um processo de reação à sua validade, que interrompe a normalidade de sua materialização. Quando o Estado intervém, pela suscitação do conflito, para garantir a ordem jurídica, coloca-se substancialmente, em novo ângulo de apreciação" (pág. 5 da edição particular posteriormente transcrita, às págs. 49/50, do *Direito Administrativo*, Edição Saraiva, 1975).

Daí por que, como afirmou, pode-se estabelecer que o ordenamento jurídico abrange três planos diferenciados, a cada qual deles correspondendo as funções distintas de legislar, executar e julgar.

Porém, esta distinção material de funções não é acompanhada de uma rigorosa especialização dos órgãos do Estado, já que as atribuições constitucionais dos poderes não se limitam ao exercício único e exclusivo da função, embora se relacionem, predominantemente, com aquela que os caracteriza.

Daí por que dizer-se que, a par da atividade preponderante de cada poder, exercitam eles, anomalamente, as duas outras funções, anotando que sempre que uma determinada atribuição não pertença, expressamente, a outro poder, vigorará a regra genérica da competência.

Além dos conceitos já enunciados anteriormente, acrescenta-se o de Manuel Maria Diez, para quem "a administração é, em sentido material, a atividade funcional, idônea e concreta do Estado, que satisfaz as necessidades coletivas de forma direta, contínua e permanente e com sujeição ao ordenamento jurídico vigente" (cf. *El Acto Administrativo*, Tipografia Editora Argentina, Buenos Aires, 1956, pág. 32).

19. Administração Direta e Indireta

Considerando que administrar é gerir serviços públicos e que Administração é a gestão de serviços públicos, tem-se que na gestão ou gerência dos serviços públicos pode-se considerar o gestor, a rede que fornece o serviço (conceito formal ou orgânico) ou o gerido, a coisa ou objeto de gestão (conceito material ou substancial), isto é, no primeiro caso, o pessoal e os órgãos executores, e, no segundo caso, a própria atividade desempenhada.

Da conciliação destes dois conceitos – o formal e o material – pode-se obter uma definição do vocábulo Administração, abarcando o termo não só o pessoal e o mecanismo de execução, como também a atividade desempenhada.

Daí que Administração não é só governo, poder executivo, a complexa máquina administrativa, o pessoal que a movimenta (conceito formal), mas também a atividade desenvolvida (conceito material) por esse aparelhamento que possibilita ao Estado o preenchimento de seus fins, de modo que "Administração é a atividade que o Estado desenvolve, através de atos concretos e executórios, para a consecução direta, ininterrupta e imediata dos interesses públicos" (cf. José Cretella Júnior, *Manual*, pág. 17).

Esta gestão administrativa é exercida *diretamente* quando o Estado a executa por seu próprio pessoal, através de entes estatais maiores e que, no Brasil, são representados pela União, pelos Estados-Membros e Municípios. Ou, então, indiretamente, quando ela é executada por pessoas físicas, por pessoas jurídicas de direito privado ou por pessoas jurídicas de direito público, que atuam em nome do Estado.

Na Enciclopédia Saraiva do Direito (Vol. IV), nos verbetes, *"sub voces"*, Administração Direta e Administração Indireta, o consagrado publicista, Prof. José Cretella Júnior, professor titular de Direito Administrativo da Faculdade de Direito da Universidade de São Paulo, corifeu da *Escola Administrativa de São Paulo,* com acuidade, traça os contornos destas modalidades de gestão de serviços públicos.

Assim é que, "administração direta, também denominada governamental, é a exercida pelo Governo e pelos funcionários que lhe são imediatamente dependentes. Classifica-se em central e local" (*apud* Zanobini, *Corso*, 4ª ed., 1949, vol. 3º, pág. 5). No Brasil, conforme o direito positivo federal, Administração direta é o conjunto de serviços integrados na estrutura administrativa da Presidência da República e dos Ministérios (Dec. lei nº 200, de 25.02.1967, art. 4º, 1º). Numa definição mais genérica, que abranja, no Brasil, as três esferas, Administração direta é o conjunto de serviços integrados na estrutura da Chefia do Executivo e de seus órgãos auxiliares, como Ministérios ou Secretarias, ou "todas as categorias de serviços executados diretamente pelos órgãos estatais, isto é, pelo conjunto dos organismos a que se acham afetos os serviços sob a responsabilidade do Estado" (Brandão Cavalcanti, *Tratado*, 3ª ed., 1956, vol. 1º, pág. 70). "Administrar diretamente é desempenhar no Centro de atividades típicas do Estado, ou seja, exercer serviços públicos, serviços administrativos, propriamente ditos. Nesse caso, quando o Estado exerce atividades privadas, concorrendo com o particular, supletivamente, ou substituindo-o totalmente (monopólio), não existe Administração direta, mas intervenção ou ingerência estatal no domínio privado. Administração direta é o mesmo que Administração centralizada. É o serviço exercido pelo Centro (União, Estados e Municípios), mas serviço público administrativo" (vol. IV, pág. 342).

Para o consagrado e eminente publicista, a definição dada pelo Dec. lei nº 200, de 25.02.1967, art. 4º, 2º, ao conferir às autarquias, empresas públicas e sociedades de economia mista, como entidades dotadas de personalidade jurídica própria, a tarefa de exercer a Administração indireta do Estado, ressente-se ela de evidente falha técnica e científica, porque "confunde função estatal com atividade estatal. Função estatal é a atividade típica, específica, aquela que o centro desempenha como própria, porque lhe é intrinsecamente inerente. A atividade estatal é todo tipo de atividade que o Estado desempenha, mesmo que se trate, por exceção, de atividade atípica, estranha normalmente às funções do Estado, como a atividade privada, inerente e peculiar ao particular".

Após tecer este comentário sobre a falha técnica e científica do enunciado legal, quando procura definir o que seja *Administração indireta*, prossegue o mestre das Arcadas: "administrar indiretamente é, pois, administrar interesses públicos, funções públicas, funções administrativas, não obstante por meio de outras pessoas. Não se administra, indiretamente, atividade privada, porque isso não é administrar: é atividade estatal, *lato sensu*. É como se um órgão do corpo humano, que tem funções específicas, passasse a exercer função peculiar a outro órgão.

No caso, não houve transferência de funções típicas de órgãos compatíveis, entre si, como é o caso das *autarquias,* que recebem funções típicas: houve, por anomalia, ingerência de um órgão, especializado numa função, sobre outro órgão especializado em função diversa. É o que ocorre, quando, por meio da *empresa pública,* p. ex., o Estado exerce *atividade estatal privada* e não *atividade administrativa* ou *função estatal típica.* As *funções estatais* são desempenhadas ou pelo Estado, pela Administração direta (União, Estados-Membros, Municípios) ou por entidades públicas, criadas por lei, unidades descentralizadas, às quais o Estado *transfere,* ou *delega* funções estatais, de ordem administrativa. As *autarquias* são a Administração indireta. As *empresas públicas* e as *sociedades de economia mista* não exercem funções estatais, mas atividades estatais, atividades do mesmo tipo e natureza daquelas que poderiam exercer os particulares. A *autarquia* é o próprio Estado, é o Estado administrando indiretamente, é um meio de que se utiliza o Estado para realizar alguns de seus próprios fins, algumas de suas *funções* específicas. As *sociedades de economia mista* e as *empresas públicas* são *meios instrumentais* do Estado e não implicam o exercício de *funções estatais*" (vol. IV, pág. 344).

A Administração indireta só se dá, portanto, no âmbito da função administrativa, aquela que é exercida pelo Poder Executivo, não se podendo cogitá-la no âmbito do Poder Legislativo e do Poder Judiciário, posto que, ambos, exercem funções típicas do Estado, indelegáveis e insuscetíveis de serem descentralizadas, não se concebendo a figura de uma autarquia legislativa ou de uma autarquia jurisdicional.

A Constituição Federal de 1988 contemplou no art. 37, a existência da Administração indireta, "*in verbis*":

"Art. 37 - A administração pública direta, indireta ou fundacional, de qualquer dos Poderes da União, dos Estados, do Distrito Federal e dos Municípios obedecerá aos princípios da legalidade, impessoabilidade, moralidade, publicidade e, também, ao seguinte:

I - os cargos, empregos e funções públicas são acessíveis aos brasileiros que preencham os requisitos estabelecidos em lei;

II - a investidura em cargo ou emprego público depende de aprovação prévia em concurso público de provas ou de provas e títulos, ressalvadas as nomeações para cargo em comissão declarado em lei de livre nomeação e exoneração;

III - o prazo de validade do concurso público será de até dois anos, prorrogável uma vez, por igual período;

IV - durante o prazo improrrogável previsto no edital de convocação, aquele aprovado em concurso público de provas ou de provas e títulos será convocado com prioridade sobre novos concursados para assumir cargo ou emprego, na carreira;

V - os cargos em comissão e as funções de confiança serão exercidos, preferencialmente, por servidores ocupantes de cargo de carreira técnica ou profissional, nos casos e condições previstos em lei;

VI - é garantido ao servidor público civil o direito à livre associação sindical;

VII - o direito de greve será exercido nos termos e nos limites definidos em lei complementar;

VIII - a lei reservará percentual dos cargos e empregos públicos para as pessoas portadoras de deficiência e definirá os critérios de sua admissão;

IX - a lei estabelecerá os casos de contratação por tempo determinado para atender a necessidade temporária de excepcional interesse público;

X - a revisão geral da remuneração dos servidores públicos, sem distinção de índices entre servidores públicos civis e militares, far-se-á sempre na mesma data;

XI - a lei fixará o limite máximo e a relação de valores entre a maior e a menor remuneração dos servidores públicos, observados, como limites máximos e no âmbito dos respectivos poderes, os valores percebidos como remuneração, em espécie, a qualquer título, por membros do Congresso Nacional, Ministros de Estado e Ministros do Supremo Tribunal Federal e seus correspondentes nos Estados, no Distrito Federal e nos Territórios, e nos Municípios, os valores percebidos como remuneração, em espécie, pelo Prefeito;

XII - os vencimentos dos cargos do Poder Legislativo e do Poder Judiciário não poderão ser superiores aos pagos pelo Poder Executivo;

XIII - é vedada a vinculação ou equiparamento de vencimentos, para o efeito de remuneração de pessoal do serviço público, ressalvado o disposto no inciso anterior e no art. 39, § 1;

XIV - os acréscimos pecuniários percebidos por sevidor público não serão computados nem acumulados, para fins de concessão de acréscimos ulteriores, sob o mesmo título ou idêntico fundamento;

XV - os vencimentos dos servidores públicos, civis e militares, são irredutíveis e a remuneração observará o que dispõem os arts. 37, XI, XII, 150, II, 153, III, e 153, § 2º, I;

XVI - é vedada a acumulação remunerada de cargos públicos, exceto, quando houver compatibilidade de horários:
    a) a de dois cargos de professor;
    b) a de um cargo de professor com outro técnico ou científico;
    c) a de dois cargos privativos de médico;

XVII - a proibição de acumular estende-se a empregos e funções e abrange autarquias, empresas públicas, sociedades de economia mista e fundações mantidas pelo Poder Público;

XVIII - a administração fazendária e seus servidores fiscais terão, dentro de suas áreas de competência e jurisdição, precedência sobre os demais setores administrativos, na forma de lei;

XIX - somente por lei específica poderão ser criadas empresa pública, sociedade de economia mista, autarquia ou fundação pública;

XX - depende de autorização legislativa, em cada caso, a criação de subsidiárias das entidades mencionadas no inciso anterior, assim como a participação de qualquer delas em empresa privada;

XXI - ressalvados os casos especificados na legislação, as obras, serviços, compras e alienações serão contratados mediante processo de licitação pública que assegure igualdade de condições a todos os concorrentes, com cláusulas que estabeleçam obrigações de pagamento, mantidas as condições efetivas da proposta, nos termos da lei, o qual somente permitirá as exigências de qualificação técnica e econômica indispensáveis à garantia do cumprimento das obrigações.

§ 1º. A publicidade dos atos, programas, obras, serviços e campanhas dos órgãos públicos deverá ter caráter educativo, informativo ou de orientação social, dela não podendo constar nomes, símbolos ou imagens que caracterizem promoção pessoal de autoridades ou servidores públicos.

§ 2º. A não observância do suposto nos incisos II e III implicará a nulidade do ato e a punição da autoridade responsável, nos termos da lei.

§ 3º. As reclamações relativas à prestação de seviços públicos serão disciplinadas em lei.

§ 4º. Os atos de improbidade administrativa importarão a suspensão dos direitos políticos, a perda da função pública, a indisponibilidade dos bens e o ressarcimento ao erário, na forma e gradação previstas em lei, sem prejuízo da ação penal cabível.

§ 5º. A lei estabelecerá os prazos de prescrição para ilícitos praticados por qualquer agente, servidor ou não, que causem prejuízos ao erário, ressalvadas as respectivas ações de ressarcimento.

§ 6º. As pessoas jurídicas de direito público e as de direito privado prestadores de serviços públicos responderão pelos danos que seus agentes, nessa qualidade, causarem a terceiros assegurado o direito de regresso contra o responsável nos casos de dolo ou culpa".

A colocação deste artigo, como o primeiro do Capítulo VII, relativo à Administração Pública, na Constituição, mereceu a aguda e procedente crítica do Prof. José Cretella Júnior, porque incidiu, primeiro, no erro de colocá-la antes da Organização dos Poderes, fazendo-a preceder ao Poder Legislativo, ao Poder Executivo e ao Poder Judiciário, incidindo, depois, num segundo lapso, porque se referiu à Administração *direta* e *indireta*, "em qualquer dos Poderes", cometendo, ainda, um terceiro engano técnico, quando mencionou a Administração "indireta ou fundacional", pois, como se sabe, a "fundação pública nada mais é do que espécie do gênero 'autarquia' e esta, por sua vez, é subdivisão da 'Administração indireta'".

Além disto, pela Constituição, o Poder Legislativo e o Poder Judiciário seriam "Administrações públicas", constituiriam, como o Poder Executivo, "gestões de serviços públicos", "centros", podendo, assim, criar suas "autarquias", suas "fundações públicas", que seriam a Administração indireta, desses dois Poderes, ao lado da Administração direta.

E conclui a análise de tão teratológica colocação dizendo: "o absurdo está assim consagrado constitucionalmente: a administração pública, direta, indireta ou fundacional, de qualquer dos Poderes da União, dos Estados, do Distrito Federal e dos Municípios..." (cf. *Curso*, 10ª edição, 1989, pág. 18).

20. Administrar e Julgar

A observação da natureza das coisas parece revelar que a primeira função que surge nos agrupamentos humanos é a função de administrar.

O homem é, por natureza, ser gregário que, por excelência, administra. Administra, em primeiro lugar, o seu próprio mundo. E depois, quando se torna líder, administra os interesses dos demais integrantes do grupo.

Todo grupo de indivíduos tem um chefe, que é o personagem subordinante. Este chefe está ligado aos seus subordinados por relações de hierarquia.

Hierarquia é a relação de subordinação que se estabelece entre o sujeito subordinante e os sujeitos subordinados, fazendo com que estes se sujeitem àquele que lhes dá ordens e que os orienta.

"Ao contrário do que poderia pensar-se, o substantivo hierarquia estava ausente do vocabulário grego, que apenas conhecia o adjetivo cognato *hierárchios*, "à moda de grão-sacerdote", este, porém, de uso muito reduzido, jamais tendo sido empregado por escritores da envergadura de Platão, Aristóteles, Sófocles. Formando artificialmente sobre as bases fornecidas pelo grego *hiéros*, sagrado, e *arkhia*, comando, passou *hierarquia* (comando sagrado) da linguagem religiosa para a profana (particularmente para a profana) e, desta, para a terminologia do direito público, acumulando os sentidos de *comando, subordinação, escalonação, dependência*. O *hierarca*, o sumo sacerdote, dava unidade à religião, resolvendo as questões que eram acatadas pelos fiéis. No campo jurídico, o superior hierárquico também fixa as normas que deverão ser seguidas pelos subalternos" (José Cretella Júnior, *Tratado*, vol. I, pág. 34).

Assim, a Administração fundamenta-se no poder hierárquico exercido pela chefia e através do qual sua autoridade é exercida sobre o subordinado que, recebendo instruções e ordens, cumpre-as, no interesse da função.

Seguindo-se à função administrativa, surge nos grupos sociais a função de julgar. Em qualquer agrupamento humano sempre surgem conflitos. Os romanos já diziam que o direito é a arte do meu e do seu. E dar a cada um o que é seu é o resultado da função de julgar, "suum cuique tribuere". Quando duas pessoas lutam para saber quem tem direito, uma terceira, chamada ou imposta a decidir a controvérsia, é o magistrado. Nas primitivas organizações sociais o chefe é quem procedia ao julgamento, surgindo, depois, a fase da justiça pessoal ou particular, até, com a evolução social, chegar-se à instituição do Poder Judiciário, como o competente para aplicar a lei ao caso concreto.

A função legislativa surge como uma terceira fase da evolução dos agrupamentos humanos. As regras de conduta e de comportamento dos integrantes dos grupos sociais regem-se, primeiramente, pelos usos e costumes. Estes é que se impõem como regras a serem observadas pelos integrantes dos primitivos grupos sociais. Acompanhando a evolução social, os usos e costumes, muitos séculos após, cristalizaram-se em normas que se erigiram em leis, surgindo, assim, a função legislativa, a qual é desempenhada, primeiramente, pelo chefe e depois por um colégio de pessoas.

Este, em lineamentos gerais, o princípio informador do Estado Moderno, concebido por Montesquieu que, partindo da hipótese exata de que todo homem que tem poder tende a abusar dele, concebeu a sua famosa teoria da separação dos poderes, justificando-a com as seguintes máximas: "C'est une experience éternelle, que tout homme qui a du pouvoir est porté à en abuser: il va jusqu'à ce qu'il trouve des limites", e "pour qu'on ne puisse abuser du pouvoir, il faut que, par la disposition des choses, le pouvoir arrête le pouvoir".

Na realidade, não há falar-se propriamente em separação de poderes, porque o poder do Estado é um só, mas, sim, em separação de funções, de modo, ao se distribuir as funções do Estado, se possibilite a que aquele que faz as leis não seja o encarregado de aplicá-las e nem de executá-las; que o que as execute não possa fazê-las nem julgar de sua aplicação; que o que julgue não as faça e nem as execute.

"Resulta, pois, do que antecede que a divisão dos poderes se manifesta numa separação de funções, correlativa de uma separação de órgãos. Assenta-se então o princípio de que para que o poder contenha o poder, para que não exista absolutismo e nem a soma do poder público, é imprescindível que o poder estatal seja exercido por órgãos diferenciados. O Estado terá assim três tipos de órgãos: legislativos, judiciais e administrativos. Os órgãos legislativos são as câmaras que integram o Congresso da nação; os órgãos judiciais se caracterizam por constituírem órgãos imparciais (alheios à contenda que se discute) e independentes (não sujeitos às ordens de superior hierárquico acerca de como devem desempenhar sua função específica); os órgãos administrativos, diferentemente dos judiciais, se caracterizam por serem órgãos estruturados hierarquicamente, isto é, que dão ou recebem ordens: não são, pois, independentes" (cf. Agustin Gordillo, op. cit, pág. 110).

Assim, como já foi anteriormente elucidado, a cada um dos poderes do Estado se reserva uma função precípua, a de legislar, a de julgar e a de administrar, embora, é certo, cada qual dos poderes, anomalamente, desempenhe funções atípicas. E este desempenho anormal, confi-gurando uma atividade-meio, tem a finalidade de possibilitar a cada um dos poderes do Estado o exercício pleno de sua função específica.

O conhecimento do *aspecto formal* e material de cada atividade, no sentido técnico jurídico, é que poderá possibilitar o estabelecimento da distinção entre as diversas atividades do Estado.

Os vocábulos *formal e material* que já foram usados e utilizados desde a época de *Aristóteles* têm no campo jurídico uma definição técnica.

Formal não significa, *ad litteram*, algo relacionado à forma, porém significa uma atividade que se toma em relação à fonte da qual emana, ou seja, relaciona-se ao órgão de que provém.

Material, ao contrário, tem sentido usual, corrente. *Material* ou substancial é a própria atividade em si.

Assim, *administrar*, formalmente, é aplicar a lei de ofício, sem provocação do interessado. O administrador aplica a lei, de ofício, espontaneamente. Esta é a função normal ou formal do Poder Executivo.

Quando, porém, o Executivo deixa de agir normalmente, passa a agir por exceção, anomalamente, legisla ou julga. Assim, por exemplo, exerce a função de legislar quando edita os denominados *"interna corporis"*, elaborando seus próprios estatutos, seus próprios regulamentos.

Exercitando dessa maneira, anomalamente, a atividade legislativa, o Executivo está materialmente legislando, embora sua função preponderante não seja legislar, mas, sim, administrar. Da mesma maneira, quando procede a julgamentos administrativos está, anomalamente, judicando, exercendo, assim, uma atividade material de julgar.

Igual fenômeno, também, ocorre no Poder Judiciário, que tem na atividade jurisdicional o seu exercício típico e preponderante, embora, anomalamente, possa exercer atividade material de administrar e de legislar, quando, por exemplo, celebra contratos e elabora seus regimentos.

A dificuldade em estabelecer distinção nítida entre as funções dos poderes do Estado tem sido sentida pela doutrina, a ponto de Yorodzu Oda ter, em 1928, dito:

"Beaucoup d'auteurs se sont efforcés, de façons bien différentes, de faire la distinction matérielle des trois pouvoirs publics, sans arriver cependant à une conclusion satisfaisante. Je suis fermement convaincu de l'impossibilité de définir le pouvoir administratif d'une manière positive, c'est-à-dire de dégager les caractères substantiels qui le distinguent des deux autres pouvoir de l'Etat. On doit donc se contenter d'en envisager la distinction d'une manière négative et de dire que le pouvoir administratif embrasse toutes les activités de l'Etat qui ne rentrent ni dans le pouvoir législatif ni dans le pouvoir judiciaire. Quant à ces deux derniers pouvoirs il n'est difficile de remarquer leurs caractères particuliers et de leur donner une définition matérielle. La législation est une fonction de l'Etat qui a pour but d'élaborer des règles de droit, et la justice est la fonction de l'Etat qui s'exerce pour maintenir des règles de droit, en dégageant l'esprit et en les appliquant à un fait déterminé. L'administration ne présent pas un pareil caractère" (cf. *Principes de Droit Administratif du Japon*, Recueil Sirey, Paris, 1928, pág. 18).

Os elementos distintivos entre a atividade administrativa e atividade judicial do Estado, porquanto ambas aplicam a lei, seriam, portanto:

a. a aplicação da lei pelo administrador é contínua, permanente e de ofício, enquanto que o julgador a faz mediante provocação, não sendo contínua nem permanente;

b. a lei é aplicada pelo administrador sem que se cogite da existência de um conflito, ao passo que o julgador só a aplica, em um caso concreto em que haja conflito;

c. o administrador, para a execução da lei, dispõe do poder hierárquico, através do qual estabelece um vínculo de subordinação com os agentes subalternos, ao passo que o julgador não está vinculado a nenhum traço hierárquico, gozando da independência jurídica quando profere a sua decisão.

21. Atividades Administrativas

Visto que a "administração é a atividade que o Estado desenvolve, através de atos concretos e executórios, para a consecução direta, ininterrupta e imediata dos interesses públicos", desenvolve o Estado não só funções jurídicas, como também sociais, de bem-estar geral, funções que não se confundem com as legislativas, nem com as judiciais.

A atividade administrativa, que é desempenhada preponderantemente pelo Poder Executivo, caracteriza-se por ser uma atividade *ininterrupta*, através da qual previne, ordena e garante a ordem jurídica e social e é concretizada por meio de atos, contínuos e executórios – ao contrário dos legislativos e judiciais, que são interminantes – assegurando, assim, ao Estado a obtenção dos fins a que se propõe.

O estudo da atividade administrativa demanda o conhecimento de quem seja o seu executor e a quem se destina. Assim é que, no homem, no ser humano, é que se centra toda a estrutura do mundo jurídico, lembrando *Hermogeniano* que "omne jus hominum causa constitutum est". Assim é que o direito, bem histórico cultural, foi criado pelo homem e para o homem. É um *construído*, não um dado. É, portanto, do homem, sujeito fundamental de direito, entidade a que a ordem jurídica reconhece aptidão para adquirir direitos e contrair obrigações, que brota a personalidade, que emerge espontaneamente do ser humano. Porém, não é só a pessoa física ou natural – o homem, o ser humano – que é sujeito de direitos e obrigações. A ordem jurídica emanada do direito, que é um conjunto de dados da realidade submetidos a uma determinada ordem, confere a diversas *entidades*, constituídas por um complexo variado de homens e de bens, *personalidade* jurídica, dando-lhe aptidão jurídica para, também, serem sujeitos de direitos e obrigações. Daí que, preenchidos certos requisitos, indispensáveis para a subjetivação dos interesses perseguidos pelo grupo social, efetiva-se a personificação, dando nascimento a um novo ente com capacidade jurídica para atuar no mundo para o qual surgiu. Assim, pessoa é o ser humano ou o que o ser humano, sob a ordem jurídica, reconhece como tal. Dessa maneira, no mundo, pessoa é o homem; no mundo jurídico, pessoa é o sujeito de direito, ente dotado de personalidade, isto é, de capacidade para ser sujeito de direito, ativo ou passivo. O exemplo do escravo no Direito Romano, que sendo ser humano, realidade biológica, não dispunha de personalidade jurídica própria, já que era considerado *"res"*, ilustra bem a distinção entre a pessoa, no conceito biológico, e a pessoa, no conceito jurídico.

O Estado, como resultado de criação cultural, desempenha suas funções através de pessoas jurídicas públicas.

"As pessoas jurídicas de direito público, criadas por lei ou por ato administrativo, que a lei permita, ingressam no campo do direito, sem se confundirem com as pessoas jurídicas de direito privado.

Pessoa jurídica pública é o sujeito de direito que, direta ou indiretamente, está, pela Constituição ou pela lei, unido ao Estado para integrar-lhe ou desenvolver-lhe a função, ora em determinada parte do território, ora em determinadas matérias ou relações, ou, então, no interesse duma comunidade com a qual se articula a atividade estatal.

Não atinge o Estado com atividades diretas os objetivos que tem em mira, consituindo, por isso, ou reconhecendo como ativas, outras pessoas jurídicas" interpostas pessoas entre ele e a atividade (cf. José Cretella Júnior, *Tratado*, vol. I, pág. 36).

As pessoas jurídicas públicas são classificadas segundo o critério estrutural em *fundações* e em *corporações*; segundo o critério geográfico em *territoriais* e *não territoriais* e segundo o critério valorativo, em *entes maiores* e *entes menores*.

O Código Civil Brasileiro, em seus artigos 13º e 14º, dispõe:

"Art. 13 - As pessoas jurídicas são de direito público, interno, ou externo, e de direito privado.

Art. 14 - São pessoas de direito público interno:

I - a União;

II - cada um dos seus Estados e o Distrito Federal;

III - cada um dos Municípios legalmente constituídos".

A estas pessoas de direito público interno é que o Estado Brasileiro confere a atribuição de executar atividades administrativas, do ponto de vista formal, acrescentando-se ainda que a administração pública pode ser exercida de modo direto e indireto (cf. o nº 19).

Os agentes públicos administrativos é que, ao final, por meio de atos administrativos, realizam, por excelência, as atividades administrativas do Estado.

Daí pode-se concluir que a atividade administrativa do Estado guarda íntima relação com o que se entende por ato administrativo, em sua acepção lata, como "manifestação da vontade do Estado, por seus representantes, no exercício regular de suas funções, ou por qualquer pessoa que detenha, nas mãos, fração do poder reconhecido pelo Estado, que tem por finalidade imediata, criar, reconhecer, modificar, resguardar ou extinguir situações jurídicas subjetivas, em matéria administrativa" (cf. José Cretella Júnior, *Tratado*, vol. II, pág. 34).

Segunda Parte

SERVIÇOS PÚBLICOS

Capítulo Quinto

CONCEITO DE SERVIÇO PÚBLICO

22. Noção de Serviço Público

A doutrina tem-se debatido em definir o que seja serviço público. Trata-se de assunto árduo e, ao mesmo tempo, complexo, porque abarca fragmentos das atividades do Estado, de modo que não se torna fácil condensar, em síntese, quais os elementos que o identifiquem, no tempo e no espaço, mesmo porque, em seu âmbito, o serviço público exprime as oscilações políticas do Estado.

Diante da disparidade de critérios e definições, Caio Tácito, usando da sátira de Marcel Waline, disse assemelhar-se o debate que se trava a respeito da conceituação de serviço público a um diálogo de surdos, considerando-a Alessi "una delle piú incerte e nebulose di tutto quanto il campo del diritto publico" (cf. *Direito Administrativo*, Saraiva, 1975, pág. 197).

Conquanto José Cretella Júnior tenha definido, em sentido amplo, que "serviço público é toda atividade que a pessoa jurídica pública exerce, direta ou indiretamente, para a satisfação das necessidades coletivas, mediante procedimentos peculiares ao direito público", ao formular tal conceito deixou consignado que a expressão serviço público, se bem que considerada relevante no campo do direito administrativo, é das mais difíceis de ser definida.

A dificuldade em precisar o conceito da expressão serviço público se prende ao fato observado, primeiramente, por Arnaldo de Valles, e depois por Rafael Bielsa, de que a expressão é composta de dois elementos: de um substantivo e de um adjetivo, ambos carecedores de interpretação, tendo Valles escrito que: "a expressão serviço público é usada, na prática, com significado global que não corresponde ao significado particular do substantivo e do atributo. Ao contrário, se há tanta variedade de opiniões sobre o conceito de serviço público, isso se deve ao fato de que, se é incerto o atributo, o substantivo é tomado em todos os seus significados, ocorrendo daí noção diferente da idéia integral" (cf. citação in José Cretella Júnior, *Enciclopédia Saraiva*, vol. 68, pág. 339).

No que os doutrinadores estão em consonância é ser a noção de serviço público fundamental para o estudo do direito administrativo.

Assim é que Léon Duguit entende ser a noção de serviço público capital, pois em torno dela gravita todo o direito público moderno.

Garcia Oviedo acentua que o serviço público é o eixo sobre o qual gravita o moderno direito administrativo.

Gaston Jéze entende ser a noção de serviço público a pedra angular do direito administrativo francês.

Villegas Basavilbaso, por sua vez, acentua que o serviço público, no âmbito do direito público e da ciência da administração, trata-se de instituição fundamental.

O Prof. Mário Masagão atribuiu esta confusão conceitual principalmente aos modernos escritores, como Duguit, para quem o Estado não é pessoa jurídica, mas simplesmente um conjunto de serviços públicos organizados e dirigidos pelos governantes. Dessa maneira, confundia com o Estado atividade que ele desempenha. Este entendimento, lecionava Masagão, inspirou outros autores que identificavam o serviço público como organização. Este posicionamento foi adotado por Rolland, Bounard, Walline e Patrício Aylwin. Ao proceder o estudo crítico das diversas teorias que surgiram para conceituar o que seja serviço público, Masagão anota que autores, como De Valles, Zanobini e Bielsa o definem como uma atividade prestada pelo Estado, porém limitada a setores de ação do poder público dirigida direta ou imediatamente às pessoas individualmente consideradas. Esta corrente não é a que melhor enquadra o conceito porque ao opor semelhante restrição, exclui da noção de serviço público atividades que sempre nela estiveram compreendidas, como a defesa nacional, a polícia preventiva, nas quais não aparece de forma imediata um usuário individual.

Diante deste panorama, refere o consagrado professor da Universidade de São Paulo, autores do porte de Berthélemy e Corail chegaram a negar a importância da noção de serviço público, pondo-a de parte como inútil pomo de discórdia.

Jean Louis de Corail, em 1954, publicou monografia intitulada "La crise de la notion juridique de service public en droit administratif français", na qual fez exaustivo estudo das metamorfoses pelas quais passou a noção de serviço público e, comparando, paralelamente, com o que ocorria na prática administrativa, chegou à conclusão de que, no direito administrativo francês, melhor seria abandonar de imediato aquela flutuante e fugidia concepção.

Após tecer estas considerações críticas, Masagão, ao conceituar o que seja serviço público, sintetizou ser "toda atividade que o Estado exerce para cumprir seus fins, exceto a judiciária", isto porque, na esfera administrativa, na qual está englobada a legislativa e que constitui parte da administração pública, não há o desempenho de função de terceiro, a qual caracteriza a atividade judiciária, porque o Poder Judiciário, ao distribuir justiça, conserva sua posição de terceiro imparcial (cf. *Curso de Direito Administrativo*, Ed. Rev. Tribunais, 5ª ed., 1974, págs. 265/268).

Para a obtenção de um conceito próprio da realidade proteiforme que as palavras serviço público procuram traduzir, nota-se a dificuldade porque, sendo multiforme, o ângulo em que se posiciona o seu observador é que irá determinar-lhes seus contornos. Daí porque, com acuidade José Cretella Júnior exprime ser trabalho dos mais difíceis a formulação de uma definição porque "captar, com um só aparelho, embora móvel, todo um cenário que se movimenta e que se metamorfoseia sem cessar, é realmente difícil. Nem por isso, entretanto, se vai negar a existência do aparelho fixador ou a realidade do cenário. O problema é antes de adequação, de justaposição, de tomada de ângulos " (cf. *op. cit.*, pág. 340).

Feito este breve esboço, pode-se dizer que serviço público prestado pelo Estado caracteriza-se pelo elemento satisfação das necessidades coletivas, excluindo-se assim quaisquer atividades de natureza privada que objetivem a satisfação de interesses particulares.

Assim delineado, o serviço público é informado por vários princípios, dentre os quais o da continuidade, pelo qual se garante à coletividade o fornecimento das vantagens atribuídas e o da igualdade dos usuários, pelo qual se assegura aos particulares a fruição, no mesmo plano, dos benefícios resultantes daquela atividade, são os seus suportes.

23. Serviço Público Direto e Indireto

O **serviço público** tem como característica ser prestado pela Administração ou por seus delegados e estes, quando assim atuam, agem segundo normas e controles estatais, objetivando satisfazer necessidades essenciais ou secundárias da coletividade.

Ou seja, o serviço público pode ser executado por particulares, porém desde que obedecidas as normas traçadas pela Administração. Atuam, assim, os particulares como agentes delegados do poder público.

Esta atuação de um particular, no desempenho de um serviço público, atento à orientação estatal, para que possa ser considerado como serviço público, há de ter por finalidade a obtenção da satisfação de necessidades coletivas e não meramente particulares.

Dessa maneira, considerando-se o modo pelo qual o serviço público é prestado, pode-se classificá-lo em serviço público direto e em serviço público indireto.

Por serviço público direto entende-se o que é prestado pela própria Administração, por seus próprios órgãos e agentes.

Dentro desta classificação, os serviços públicos prestados pelas autarquias, que constituem a chamada administração indireta, seriam serviços públicos diretos, isto porque a autarquia é o próprio Estado, é o Estado administrando indiretamente, é um meio de que se utiliza o Estado para realizar alguns de seus fins, algumas de suas funções específicas (cf. o nº 19).

Assim, serviço público direto é aquele prestado pela Administração centralizada e pela Administração descentralizada, esta representada pela atividade prestada pelas autarquias.

As autarquias, por representarem uma descentralização administrativa, desempenhando tarefas administrativas típicas e próprias do Executivo, são formas descentralizadas da Administração.

São as autarquias pessoas jurídicas de direito público interno, administrativas. Não legislam, mas administram. E administram serviço público específico, determinado (cf. José Cretella Júnior, *Curso*, pág. 44).

Ao lado do serviço público direto, prestado pelos órgãos e agentes da Administração centralizada e pelas autarquias, que constituem a Administração descentralizada, encontra-se o serviço público indireto.

O serviço público indireto, considerando-se o modo como o serviço público é prestado, é aquele que pode ser executado por particulares, segundo normas e controles da Administração.

Nesta classificação é que se encontram os chamados delegados do serviço público, nos quais se incluem os concessionários, permissionários ou autorizatários do serviço público.

A este respeito, esclarece Mário Masagão: "alguns serviços públicos administrativos são cumpridos pelo próprio Estado, através de seus órgãos. Outros o são por intermédio de pessoas de direito privado, às quais, ou o Estado incumbe a execução de todo um serviço (concessão de serviço público), ou delega atribuições de determinada categoria (delegação)" (op. cit., pág. 270).

Ao estabelecer esta dicotomia Masagão preleciona que uns são os denominados serviços de execução direta e os outros, serviços de execução indireta.

O que sobreleva notar, no tocante à forma como os serviços públicos são prestados, é que os serviços da atividade essencial do Estado, as atividades que tutelam o direito, não podem ser objeto de concessão ou delegação e nem podem ser descentralizados, isto porque as atividades jurídicas do Estado dizem respeito à sua própria estrutura e, se ele próprio não os executar, haverá seu perecimento. A atividade jurídica do Estado desdobra-se em quatro aspectos:

a. declaração do direito;
b. aplicação do direito aos casos concretos;
c. manutenção de ordem interna;
d. defesa do país contra agressão externa.

Vê-se, portanto, que esta atividade jurídica do Estado é essencial à sua própria subsistência e, portanto, não pode ser concedida ou delegada a terceiros, ainda que sob sua coordenação e fiscalização.

Os serviços públicos que podem ser concedidos ou delegados a pessoas físicas ou jurídicas de direito privado são os que se relacionam às atividades sociais do Estado, as que são desenvolvidas para assegurar aos cidadãos bem-estar, cultura e progresso.

O que caracteriza, portanto, o serviço público indireto é a sua execução, nas condições estabelecidas pelo Estado, por delegação a terceiros, sob as modalidades de concessão ou permissão, e abrange, tão somente, as atividades sociais do Estado.

Anota, com percuciência, Mário Masagão, que os serviços de ordem puramente social é que podem ser objeto de concessão, desde, porém, que reúnam dois requisitos:

a. comportarem remuneração por parte dos usuários;

b. independerem do exercício de coação sobre os cidadãos.

De fato. É a possibilidade de remuneração pelos usuários dos serviços prestados pelos concessionários, através de tarifas pré-fixadas pelo poder cedente, que permite a sua execução, já que, sendo o concessionário pessoa de direito privado, ao prestar o serviço público concedido atua como agente colaborador do Estado e visa obter lucro.

A ausência de coação sobre os cidadãos, virtuais usuários do serviço concedido, é necessária, porque só no Estado, como preleciona Masagão, se supõe existir a imparcialidade imprescindível ao seu uso. Se o serviço público concedido ao concessionário fosse, "ad argumentandum", imposto coativante ao usuário, ter-se-ia a figura de um novo Estado dentro do Estado. Exemplifica o consagrado mestre das Arcadas este requisito ao dizer: "o isolamento dos doentes atacados de moléstia grave e transmissível, por exemplo, é serviço de ordem social que não pode ser objetivo de concessão porque não possui os caracteres acima apontados. Realmente os doentes terão de sofrer o isolamento, disponham ou não de recursos, e os recalcitrantes deverão ser a ele coagidos".

A finalidade da administração ao conceder a prestação de serviços públicos indiretos ao particular, ao concessionário, é a de satisfazer o interesse público de modo suave e econômico, obtendo a colaboração do particular. Este, por outro lado, ao prestar o serviço concedido, tem em mira a obtenção de lucros futuros.

Se de um lado, ao concessionário que age impelido pela expectativa de lucros, se lhe permite a execução de serviços públicos, concedidos pela Administração, segundo as leis, regulamentos e ordens de serviços ditadas pelo poder concedente, que devem ser por ele observados, em compensação certos direitos lhe são assegurados, como o direito ao exclusivo exercício da atividade concedida; o direito à retribuição ou tarifa; o direito de promover desapropriações; o direito ao exercício do poder de polícia.

Particularmente os serviços públicos que podem ser objeto de concessão a particular, nas condições impostas pelo poder concedente, são os chamados serviços industriais do Estado e que são os que produzem renda para quem os presta, mediante a remuneração da utilidade usada ou consumida, remuneração esta que tecnicamente se denomina tarifa ou preço público, por ser sempre fixada pelo Poder Público, quer quando o serviço é prestado por seus órgãos, entidades, quer quando por concessionários, permissionários ou autorizatários.

Assim, exemplificativamente, são serviços industriais os de transporte coletivo, de geração e fornecimento de energia elétrica e os de fornecimento de água e de gás.

24. Serviço Público Formal e Material

O traço marcante da noção de serviço público é a satisfação de uma necessidade coletiva, a qual ocorre tanto nos serviços públicos diretos, como nos indiretos.

O presente estudo não poderia prescindir de mencionar a tendência da doutrina em distinguir, no conceito de serviço público, o conceito formal e o conceito material do mesmo, cujas acepções são bem diversas, servindo para traduzir aspectos de organização e de atividade, guardando, assim, estreita relação com os conceitos que informam o próprio direito administrativo, no seu aspecto formal e no seu aspecto material, a ponto de Marcel Waline ter encontrado no vocábulo *Administração* um duplo sentido, designando, ao mesmo tempo, uma organização e uma atividade, ao definir o direito administrativo como "o conjunto das regras que estabelecem as condições em que as pessoas administrativas adquirem direitos e impõem obrigações aos administrados pelo órgão de seus agentes, no interesse da satisfação das necessidades públicas".

Assim é que José Cretella Junior preleciona: "no sentido *formal* ou *orgânico* a expressão serviço público designa a organização, o organismo que exerce atividade, o aparelho diferencial da administração que se especializa na execução do serviço" e, por outro lado, "no sentido *material* ou *funcional*, também chamado *substancial* ou *fisiológico*, a expressão serviço público designa a atividade dirigida a um fim de interesse coletivo" (cf. Enciclopédia Saraiva, vol. 68, pág. 339).

Segundo a ótica formal o serviço público é, portanto, aquele que é visível, palpável, e que se apresenta na prática como um aparelhamento típico, definido, inconfundível. Nesta acepção é que se fala em serviços de defesa nacional, de prestação jurisdicional, de instrução pública, ou, em outras palavras, em Forças Armadas, em órgãos judiciais, em estabelecimentos públicos de ensino.

O serviço público formal é, portanto, o próprio aparelhamento que presta o serviço, objetivando a satisfação de necessidades coletivas.

No sentido material, embora não exista nenhum órgão, organismo público ou aparelhagem administrativa, há o serviço público desde que a atividade, em si, prestada por quem quer que seja, alcance um interesse geral. Ou seja, existe serviço público desde que um interesse geral seja alcançado.

Na acepção material de serviço público o que caracteriza é o interesse coletivo a ser satisfeito. Dessa maneira, ainda que a execução anômala do serviço possa ser desempenhada, momentaneamente, por particulares, haverá a prestação do serviço público.

Laubadère, citado por Cretella Júnior, menciona que, certa ocasião, na França, ocorreu o surgimento de grande quantidade de serpentes venenosas, que ameaçavam uma Comuna. Não havendo nenhum setor especializado no ataque a tais ofídios, decidiu-se que os caçadores seriam recompensados por esse serviço prestado à comunidade e registrou em seu Traité, 1953, pág. 553, nota 1, que "a destruição de animais prejudiciais ao Departamento, quando realizada por um Conselho Geral, é feita no interesse da coletividade dos habitantes e parece, sem dúvida, revestir o caráter de verdadeiro serviço público".

Mais próxima à realidade brasileira e de constatação atual, poder-se-ia enquadrar como serviço público, no sentido material, o transporte de passageiros realizado por particulares, proprietários de "Kombis", que, em substituição aos ônibus de transporte coletivo urbano, fizeram o serviço de lotação, por ocasião de greves eclodidas no setor de ônibus urbanos de transporte coletivo, transportando os usuários, mediante retribuição financeira.

25. Nosso Conceito de Serviço Público

Partindo-se da premissa de que a flutuação do conceito de serviço público se deve à extrema mobilidade do direito administrativo, o qual está sempre relacionado e dependente da variação da intervenção do Estado em todos os seus setores de atuação, pode-se concluir que, na noção de serviço público, repousa a pedra angular do direito administrativo, como já se referiu Gaston Jèze, não obstante seja das mais árduas a tarefa de definir o que seja serviço público, como antes mencionado (cf. nº 22).

Do que já foi exposto, tem-se que a nota característica do serviço público é a satisfação de interesses coletivos e que pode ele ser prestado diretamente pelo Estado ou por delegados, nas condições em que o poder delegante estabelecer.

Assim, pode-se conceituar: *serviço público é toda atividade prestada diretamente pelo Estado, ou indiretamente, por seus delegados, nas condições por ele estipuladas, para a satisfação de interesses gerais da coletividade.*

Terceira Parte

COMPETÊNCIA EM MATÉRIA ADMINISTRATIVA

Capítulo Sexto

COMPLEXIDADE CONCEITUAL CATEGORIAL

26. Conceito geral de competência

Não há no estudo do Direito Administrativo vocábulo que tenha noção tão indefinida no tocante à sua acepção quanto a palavra competência, isto porque se identifica seu sentido com o de "atribuição" e, por outro lado, pode refletir o aspecto estático de uma função.

O elemento *competência* alça-se como requisito *essencial do ato administrativo* e por ser a manifestação de vontade, contida em decisão executória, como o definem *Hauriou* e *De Bezin*, de um agente administrativo, faz presumir que este ao manifestá-la disponha de quantidade de poder, que lhe é outorgado pelo ordenamento jurídico, para a edição, formulação e prática.

Referidos autores, citados por Temístoteles Brandão Cavalcanti, em seu *Tratado de Direito Administrativo* (Freitas Bastos, 1955, 3º ed., vol. I, pág. 203), já em 1903, assim se expressavam:

"Acte administratif signifie décision éxecutoire, et décision éxecutoire signifie déclaration de volonté. Ce sont des égalités mathématiques".
E ressaltavam residir no cerne do ato, para sua edição, a manifestação exterior da vontade da Administração, o que faz pressupor a existência de agente que emita, dizendo mais:

113

"Ce qu'il faut retenir, c'est le caractère exterieur de cette déclaration; toute volonté administrative est nécessairement exteriorisée; c'est une precaution élémentaire pour distinguer, *chez l'agent*, les volontés qu'il exprime au nom de l'administration, de celles qu'il pourrait avoir pour son compte; les volontés administratives doivent être formulées extérieurement par l'agent, dans l'exercice de ses functions". A competência que, singelamente, pode ser entendida como a quantidade de poder conferida ao agente administrativo, é, na realidade, um complexo de poderes funcionais conferidos por lei a cada órgão de uma pessoa jurídica de direito público para que possam ser realizados os interesses a ela atribuídos.

Massimo Severo Giannini anotou em suas "Lezioni di Diritto Admministrativo" que: "la competenza costituisce un argomento pochissimo studiato – ad onta della sua importanza pratica – Di solito essa viene indicata come ambito, esfera, complesso di funzioni, di poteri, di mansioni, e simili" (Dott. A. *Giufré* - Editore, Milano, 1950, vol. I, pág. 295).

Por aí se vê, portanto, que a noção, a conceituação de competência é fugidia, merecendo por parte do estudioso uma análise detida para uma formulação geral, em matéria administrativa.

Isto porque não há como querer conceituar-se a competência, como na teoria do processo, onde já se encontram delineados nas normas procedimentais os limites de competência de juízos e órgãos colegiados jurisdicionais, tanto nos Códigos de Processo, quanto nos Regimentos Internos dos Tribunais, não se encontrando, no âmbito da administração, normas específicas ditadas para a fixação da competência de seus agentes.

Discorrendo sobre o ato administrativos, o Professor Caio Tácito, ao apresentar sua tese, com a qual conquistou a livre docência de Direito Administrativo na Faculdade de Direito do Rio de Janeiro, em 1951, alinhavou ser a competência elemento essencial para a validade do ato, observando que sua ausência ou vício tornará o ato administrativo inexistente, nulo ou anulável, segundo a intensidade da perturbação verificada em sua formação, deixando registrado que:

"Inicialmente, é elementar a existência de uma manifestação lícita de vontade, emanada de autoridade especialmente autorizada, em lei própria, à prática do ato administrativo. A capacidade do agente assume, no direito público, um sentido específico que se exprime na regra de competência, ou seja, o poder legal de realizar determinada parcela da função administrativa. A competência se regula por sistema jurídico especial que, embora admitindo as condições gerais de capacidade do direito privado, especializa o conceito por meio de aspectos peculiares. Assim, a competência não adere à pessoa do agente, visto que se refere ao conteúdo da função pública. Por outro lado, ao passo que no direito privado a capacidade é a regra e a incapacidade a exceção, no direito público a competência deve, necessariamente, decorrer de dispositivo expresso atributivo do poder de ação em nome do Estado. A competência é, ainda, uma obrigação funcional, isto é, o agente não dispõe da faculdade de deixar de exercer as suas atribuições, uma vez verificadas as condições legais para a realização, sem prejuízo da latitude de opção que lhe conceda o poder discricionário" (pág. 15, da edição particular, posteriormente transcrita à pág. 58, do *Direito Administrativo*, Edição Saraiva, 1975).

O estudo da *competência em matéria administrativa* há de passar, necessariamente, pela distinção que se deve fazer entre o que se entende por governo, como poder político da nação, e o poder de governo, como manifestação administrativa do mesmo, de tal sorte que governo e administração são facetas de uma só realidade e que é o Estado.

O Estado, como organização jurídica de um povo em dado território, sob um poder supremo, para a realização do bem comum dos seus membros, pressupõe não só a ordenação jurídica de si próprio como também a de seus habitantes.

A estruturação e ordenação jurídica do Estado, como poder, se faz necessária para que se atinja o fim de congregar a sociedade da qual deriva. E ao assim ordenar sua própria estrutura, como poder, o Estado dá a organização jurídica da vida social dos indivíduos que compõem o seu povo, tanto nas suas recíprocas relações, envolvidas mediatamente pela autoridade estatal, como nas relações imediatas dos indivíduos, isoladamente ou em sociedades menores por eles constituídas, com o Estado-poder e vice-versa.

São, portanto, elementos fundamentais de qualquer Estado, o território e a população que o ocupa. São eles que dão o chamado corpo político à nação e são eles os elementos subjetivos que determinam a soberania estatal, como força natural da autodeterminação do Estado.

A ordenação jurídica do Estado-poder é que fixa as normas de sua própria existência e estas, ao lhe determinarem sua estrutura, delimitam, ao mesmo tempo, suas prerrogativas de atuação.

A fonte da qual promanam estas normas de ordenação jurídica do Estado-poder deve ser encontrada na *constituinte* e que é, como já mencionado na Parte Primeira, Capítulo Segundo, item 9, órgão criador e revisor de Constituições.

Assim, como referido por Oswaldo Aranha Bandeira de Mello (op. cit., pág. 2) é a constituinte que traça o ordenamento jurídico da organização do Estado nos seus elementos essenciais, definindo, assim, o regime político em face de cada forma que o Estado assume, o sistema de governo da sociedade, que institui, e os limites conseqüentes das respectivas ações, através de direitos reconhecidos e assegurados aos indivíduos, de *per se* considerados, ou agrupados, formando comunidades, sejam estas impostas mais pelas exigências da natureza humana, sejam frutos prevalentes de atos voluntários, dando, enfim, personalidade jurídica ao Estado-sociedade, tornando-o pessoa jurídica por excelência.

O Poder Constituinte, no dizer de Seabra Fagundes, é a manifestação mais alta da vontade coletiva, cria o Estado (ou reconstrói) por meio da Constituição, lei básica que lhe determina a estrutura geral, institui a autoridade, delimitando a organização dos poderes públicos, e define os direitos fundamentais do indivíduo (cf. *O Controle dos Atos Administrativos pelo Poder Judiciário*, Ed. Saraiva, 6ª ed., 1984, pág. 1).

À Constituição cabe estabelecer os órgãos substanciais do Estado, isto é, as repartições e agentes, para efetivação do governo e administração do que lhe compete na vida social, com a determinação de suas respectivas atribuições, distinguindo os órgãos a que cabem as funções e descrevendo o seu exercício.

Daí que, como acuradamente observado por Manoel de Oliveira Franco Sobrinho, a competência, na sua primeira expressão fática, é conseqüência das cartas constitucionais, já que emanada da fonte constitucional (cf. *Da Competência Administrativa*, Ed. Resenha Universitária, 1977, pág. 36).

É, portanto, na Constituição que se encontram traçadas as competências dos poderes do Estado.

Nas partes antecedentes deste trabalho já foi mostrado que o desempenho exclusivo de atividades dos três poderes do Estado, Legislativo, Executivo e Judiciário, não é privativo de cada um dos poderes, posto que, sob o ponto de vista formal, as atividades de cada um dos poderes são exclusivas, porém, sob o ponto de vista material, cada um dos poderes, anomalamente, desempenha atividades reservadas às competências dos dois outros poderes e isto, como já exposto, não constitui uma indevida ingerência ou intromissão de um poder sobre outro, mas decorre da necessidade que tem a Administração de, através deste exercício anômalo de atividade, possibilitar o atendimento ao bem comum, finalidade última e razão de ser da existência do próprio Estado.

Ressalte-se, porém, que mesmo o exercício anômalo de atividades materiais de um poder, em campo de atuação formal e exclusivamente reservado a outro, encontra seu fundamento em norma legal e deve, portanto, cingir-se a uma atuação conforme o direito.

Um exemplo desta atuação anômala de atividade de um poder, adentrando a esfera de competência e atribuição de outro, pode ser encontrado no exercício do poder regulamentar que é exercido pelo Poder Executivo quando edita regulamento explicitador de uma lei.

Na realidade, o *regulamento*, que é consubstanciado em um decreto, é típico ato administrativo emanado da Chefia do Executivo e tem por escopo explicitar o alcance de uma lei, resultante esta da atividade do Poder Legislativo.

O *regulamento*, editado pelo Poder Executivo, ao aclarar a lei, ao precisar-lhe os contornos, possibilitando a aplicação da lei, seja por parte dos agentes da Administração, seja por parte dos administrados, considerando que a lei é dirigida a todos –Administração e administrados – não pode, contudo, inovar o preceito legal, criando novos direitos e obrigações, posto que, se assim o fizer, estará extravasando os limites do regulamento, procurando com isso dar foros de lei nova, quando, na realidade, o regulamento, que é ato administrativo de caráter normativo, tem o fim de explicitar, tão somente, o conteúdo e o alcance da lei, cuja regulamentação se faz.

Pontes de Miranda, com acuidade, anotou que "regulamentar é mais difícil do que fazer a própria lei; exige pleno conhecimento do alcance das regras jurídicas legais (o que nem sempre têm noção clara certos legisladores) e do ramo do direito em que a lei mergulha" (cf. *Dez Anos de Pareceres*, 1974, vol. 2, pág. 262) e o Tribunal de Justiça de São Paulo proclamou que "o regulamento não pode estabelecer normas criadoras de direito" (In *RDA*, 84:97).

Tão só por este exemplo já se vislumbra a importância e a relevância do estudo da competência, no trato dos assuntos relativos à gestão da *"res publica"*, porque é através dela que se define quem é o agente, o órgão ou o poder que tem a atribuição e, conseqüentemente, a responsabilidade para a prática de atividade que consubstancia a gerência administrativa *"lato sensu"*.

É a Carta Constitucional, portanto, que traça as chamadas competências privativas dos poderes, gizando os contornos da atuação funcional dos organismos centrais e descentralizados, adstrita à finalidade pública, resultando a distribuição da competência estatal, em última análise, da organização política do Estado.

No conceito de competência acha-se ínsita a noção de atribuição que tem o sentido de desempenho de serviço público, de tarefa, função ou de exercício de atividade, ou ainda, de conjunto de poderes funcionais que órgãos ou agentes são autorizados, por lei, a exercer, no desempenho do cargo.

Como anota Manoel de Oliveira Franco Sobrinho, a competência efetiva-se através de círculos concêntricos, do maior para o menor grau, nas relações entre poderes, órgãos e pessoas, assumindo, do geral para o particular, aspectos que possibilitam a identificação da pessoa jurídica com a norma e a capacidade volitiva, no sentido da ação governamental, a qual, por exigências de divisão do trabalho, divide-se em planos, níveis e ramos, segundo a importância das finalidades a perseguir, participando da prestação de serviços, órgãos ou pessoas, numa distribuição definida de atribuições, evidenciando-se a cada momento a necessidade de haver competência ou alguém competente para a atuação (cf. op. cit., pág. 38).

Há, assim, no cerne do estudo da competência, estreita relação com a hierarquia.

A competência, assim, pode ser conceituada como o conjunto de atribuições que, por lei, são asseguradas às entidades ou órgãos estatais e aos agentes públicos para a realização da tarefa administrativa.

Capítulo Sétimo

ESPÉCIE CATEGORIAL

27. Competência em matéria administrativa

O estudo da *competência em matéria administrativa* há de ser feito estabelecendo-se um paralelo com a hierarquia existente na Administração Pública.

O vocábulo "hierarquia" deriva etimologicamente da fusão das palavras gregas "hierós", sagrado, e "arkhía", comando, tendo o sentido de comando sagrado. Da linguagem religiosa passou a ser utilizada em sentido profano e, deste, para a terminologia do direito público, com a conotação de comando, subordinação, escalonação, dependência.

É que, na antiguidade clássica grega, o hierarca, o sumo sacerdote dava unidade à religião, resolvendo as dúvidas e questões que eram acatadas pelos fiéis. A interação entre os assuntos religiosos e de Estado, até recentemente, sempre existiu e, por isso, se explica a influência da atividade religiosa com os assuntos terrenos.

Santi Romano estabeleceu uma comparação entre uma pirâmide e o aparelhamento administrativo, segundo o qual, no vértice se encontra o superior administrativo e em torno do qual, dispondo-se em graus diversos, cada vez mais baixos, se encontram os demais funcionários até a base.

119

O fundamento da hierarquia assenta-se, portanto, na disciplina e na obediência, dando origem ao poder hierárquico.

O poder hierárquico é que estabelece a autoridade do chefe sobre o subordinado que, ao receber instruções e ordens, cumpre-as, no interesse da função.

É através do poder hierárquico que a Administração Pública distribui e escalona as funções de seus órgãos, ordena e revê a atuação de seus agentes, estabelece a relação de subordinação entre os servidores do seu quadro de pessoal.

Vê-se, pois, que a hierarquia é a relação de subordinação existente entre os vários órgãos e agentes que exercem competência, em matéria administrativa, com a distribuição de funções e a graduação da autoridade de cada um.

Assim, no âmbito da atuação do Poder Judiciário e do Poder Legislativo, enquanto se desempenham as tarefas precipuamente jurisdicionais e legislativas, não há falar-se em subordinação hierárquica de seus agentes. Estes, ao desempenharem as funções precipuamente jurisdicionais e legislativas gozam de ampla e total independência, caracterizando o chamado princípio da independência jurídica de suas atividades.

Juízes e legisladores estarão, contudo, sujeitos à disciplina hierárquica quando, como servidores públicos *"lato sensu"* praticam atos administrativos, já que uns e outros podem, anomalamente, executá-los, como expostos anteriormente (Parte Primeira, Capítulo Terceiro, item 16).

É que o Poder Judiciário e o Poder Legislativo podem exercer atividades administrativas, como atividades-meios para se atingir as atividades-fins, precípuas à sua essência.

Dessa forma, os juízes, como integrantes de uma carreira, devem uma subordinação hierárquica, à administração superior, no tocante, por exemplo, à promoção, à remoção, às designações para responderem pelo expediente administrativo, à concessão de licenças e de férias, à obtenção de aposentadoria, às questões relacionadas com aumento de vencimentos.

A independência jurídica dos juízes e dos legisladores é que caracteriza a atividade precípua dos referidos agentes públicos, membros dos poderes Judiciário e Legislativo, no tocante à prolação de sentenças e à elaboração legislativa. Ou seja, nestes momentos, estes agentes públicos não se subordinam a nenhum vínculo hierárquico ou de subordinação às chefias administrativas, de qualquer um dos poderes do Estado.

É esta independência jurídica que fundamenta, por exemplo, o fato de um juiz-substituto, recém ingressado na carreira, proferir uma sentença em processo judicial, com ampla autonomia, sem qualquer ingerência de outros juízes ou de outras autoridades. Ou seja, observada a regra de competência jurisdicional, o juiz sentenciante é quem, no caso concreto, especializa a vontade abstrata da lei.

Vê-se, portanto, que o princípio do poder hierárquico é que domina todo o direito administrativo e através dele objetiva-se a ordenação, a coordenação, o controle e a correção das atividades administrativas, no âmbito interno da Administração Pública.

Ao ordenar as atividades administrativas, através do poder hierárquico, reparte e escalona as funções entre os agentes do poder, de sorte que a cada um deles possa ser outorgado o seu campo de atuação funcional.

A coordenação, derivada do poder hierárquico, permite o entrosamento das funções, de modo a se obter o funcionamento harmônico de todos os serviços a cargo do mesmo órgão.

Através do poder hierárquico a chefia administrativa controla a atividade de seus órgãos e agentes, velando pelo cumprimento da lei e das instruções administrativas, acompanhando o rendimento e a conduta de cada servidor.

Com o exercício do poder hierárquico alcança-se, também, a correção dos erros administrativos, através da ação revisora dos agentes superiores sobre os atos dos inferiores.

É, portanto, a hierarquia que impõe ao servidor subalterno a estrita obediência às ordens e instruções emanadas de seus superiores hierárquicos. É ela, a hierarquia, quem define a responsabilidade funcional do servidor.

A este respeito, em página de inegável clareza, o pranteado publicista Hely Lopes Meirelles, assim prelecionava: "As determinações superiores devem ser cumpridas fielmente, sem ampliação ou restrição, a menos que sejam *manifestamente ilegais*". No tocante a essa questão, a doutrina não é uniforme, mas o nosso sistema constitucional, com o declarar que "ninguém será obrigado a fazer ou deixar de fazer alguma coisa, senão em virtude de lei" (art. 153, §2º), torna claro que o subordinado não pode ser compelido, pelo superior, a praticar ato evidentemente ilegal. O respeito hierárquico não vai ao ponto de suprimir, no subalterno, o senso do legal e do ilegal, do lícito e do ilícito, do bem e do mal. Não o transforma em autômato executor de ordens superiores. Permite-lhe raciocinar e usar de iniciativa no tocante ao desempenho de suas atribuições, e nos respectivos limites de sua competência. Daí não lhe ser lícito discutir ou deixar de cumprir ordens, senão quando se mostrarem manifestamente ilegais. Somente as que se evidenciarem, ao senso comum, contrárias ou sem base na lei, é que permitem ao subalterno lhe recusar cumprimento.

"A apreciação da conveniência e da oportunidade das determinações superiores refoge das atribuições meramente administrativas, e por isso escapa da órbita da ação dos subalternos. Descumprindo-as ou retardando-as na execução, poderá o servidor relapso incorrer, não só em falta disciplinar, como também em crime funcional (prevaricação), previsto e definido no art. 319, do Código Penal" (cf. *Direito Administrativo Brasileiro*, Ed. Rev. Tribunais, 8ª ed., 1981, pág. 98).

Na sistemática penal brasileira atua sem culpabilidade o agente que comete crime em obediência à ordem manifestamente ilegal, emanada de superior hierárquico. Nesse caso, a culpabilidade se desloca do executor do fato para o autor da ordem e será este quem deve responder pelo fato punível.

Aníbal Bruno, preleciona, a respeito, que aquele que cumpre ordem legítima não pode ser acusado de crime, já que o estrito cumprimento do dever legal exclui a antijuridicidade do fato do agente.

E esclarece, em sugestiva lição, que "a ordem pode ser ilegal e o que a executa pode não se aperceber de sua ilegitimidade e, cumprindo-a, realizar um fato punível. O que ocorre, então, não é a exclusão do injusto – o fato guarda o seu caráter de antijurídico – o que acontece é um erro de Direito, excepcionalmente tomado como causa capaz de dirimir a culpabilidade do agente" e, no tocante ao aspecto objeto do tema presente, arremata com precisão "manifestamente ilegal é a ordem que emana de autoridade não competente para dá-la, ou aquela cujo cumprimento não esteja dentro das atribuições do subordinado, ou que não venha revestida de forma legal, ou cujo conteúdo constitua evidentemente um fato punível. A expressão manifestamente ilegal deve ser entendida segundo as circunstâncias concretas do fato e as condições de inteligência e cultura do subordinado. É a capacidade real de entendimento deste que se deve principalmente ter em conta". (cf. *Direito Penal, Parte Geral I, tomo 2º*, Ed. Forense, 2ª ed., 1959, pág. 175).

A ordem a ser cumprida pelo subordinado há de ser realizada sem excesso nos atos ou na forma de execução, devendo o subalterno manter-se dentro da estrita obediência da ordem recebida.

Até mesmo, como nas organizações militares, onde o sistema hierárquico se mostra mais acentuado, no qual a obediência há de ser absoluta e imediata, em casos excepcionais, permite-se a investigação do caráter legal da ordem. Se o ato resultante da ordem configurar ilícito, o dever de pronta execução exclui a culpabilidade de seu executor, mas não com relação ao autor da ordem, o qual deve ser responsabilizado pelo fato danoso.

Yorodzu Oda assim também o entendia, ao dizer: "les fonctionnaires ne sont pas responsables de ce qu'ils ont exercé par ordre, même si celui-ci est jugé ultérieurement illégal; c'est alors le chef qui doit en encourir la responsabilité" (*op. cit.* pág. 161).

A relação de hierarquia que vincula o subordinado ao seu superior há de resultar sempre de uma relação de Direito Público, não devendo ser confundida com o temor reverencial decorrente de relação de parentesco ou de ordem profissional.

Hierarquia e competência estão, portanto, intimamente relacionadas no desempenho da gestão administrativa.

A *hierarquia* é a relação de coordenação e de subordinação dos órgãos do Poder Executivo.

É através dela que fica firmada e graduada a competência de cada autoridade administrativa.

A hierarquia é peculiar ao Poder Executivo, não existindo no âmbito do Poder Judiciário, nem no Poder Legislativo, enquanto formalmente desempenham suas atividades precípuas.

No Poder Legislativo não se pode dizer que o Senado seja superior à Câmara dos Deputados, pois o que há aí é uma discriminação de funções.

No Poder Judiciário o que existe é uma gradação de autoridades judiciárias, estabelecida por meio de instâncias ou de graus de jurisdição.

Se no aparelhamento administrativo do Poder Executivo o superior hierárquico pode, independentemente de provocação de quem quer que seja, modificar ou reformar ato de seu subordinado, segundo seu entendimento, isto não ocorre no Poder Judiciário, porque somente por provocação do interessado, através de recurso, o ato pode ser revisto pela instância superior.

Capítulo Oitavo

ABRANGÊNCIA DA ESPÉCIE CATEGORIAL

28. Irradiação da competência administrativa

O encaminhamento do presente estudo nos leva à afirmativa de que sendo aAdministração Pública "a atividade que o Estado desenvolve, através de atos concretos e executórios, para a consecução direta, ininterrupta e imediata dos interesses públicos", na conceituação de José Cretella Júnior (cf. *Tratado*, vol. I, pág. 27), ela realiza esta tarefa executando atos administrativos.

Daí que, para que se possa bem compreender a atividade administrativa, necessário se faz uma digressão quanto ao seu requisito básico e fundamental e que é o ato administrativo.

Reconhecendo-se a dificuldade de se conceituar o ato administrativo, como anotado por todos os administrativistas, porém, assinalando-se que esta digressão não pretende desdobrar o tema da competência, e avançar no que seria temática reservada ao ato administrativo, senão para ressaltar que a competência trata-se de elemento estrutural do ato administrativo, uma vez que o ato administrativo é espécie do gênero ato jurídico.

Ao ato lícito do homem que tem como conseqüência imediata a criação, o reconhecimento, a modificação, o resguardo ou a extinção de direito, subseqüente às manifestações de vontade individual que se endereçam a produzir efeitos na ordem jurídica, dá-se o nome de ato jurídico.

O ato jurídico constitui uma categoria jurídica e, como tal, transcende aos campos do direito privado e do direito público.

O que vem a ser categoria jurídica?

Categorias jurídicas são formulações genéricas "in abstrato", com as respectivas conotações especiais, ainda não comprometidas com nenhum dos ramos em que se bifurca a ciência jurídica. São as chamadas formas puras do Direito, segundo Stammler.

As categorias jurídicas são os modelos, os arquétipos do Direito e elas sobrepairam-se ao direito privado e ao direito público.

A palavra categoria aqui não é tomada em sentido filosófico, nem no sentido que lhe dá Kant, nem no de Aristóteles.

A *categoria jurídica* não se define. Intui-se, conceitua-se. As categorias jurídicas são figuras "in genere", nem peculiares ao direito privado, nem peculiares ao direito público, porque a ambos os ramos transcende, para librar-se numa região angular de convergência à qual vão ter os pequenos compartimentos do extraordinário campo jurídico, como preleciona com acuidade o Professor Cretella Júnior.

Assim, se o ato administrativo, em sua acepção mais lata, é a manifestação da vontade do Estado, por seus representantes, no exercício regular de suas funções, ou por qualquer pessoa que detenha, nas mãos, fração de poder reconhecido pelo Estado, que tem por finalidade imediata criar, reconhecer, modificar, resguardar ou extinguir situações jurídicas subjetivas, em matéria administrativa, tem-se que avultam em sua estrutura, como elementos essenciais, a existência de um agente que desempenha a vontade estatal e a quantidade de poder, ou a competência, de que dispõe este agente para a prática do ato.

Assim a prática do ato requer, naturalmente, não só o concurso de seu agente, mas que este esteja dotado de sua respectiva competência.

O agente público que edita o ato administrativo é o seu sujeito e é aquele a quem a lei atribui competência para a prática do ato. Não há, como diz Maria Sylvia Zanella Di Pietro, Professora de Direito Administrativo da Faculdade de Direito da Universidade de São Paulo, falar-se em discricionariedade quanto ao sujeito, como elemento do ato administrativo: "o sujeito só pode exercer as atribuições que a lei lhe confere e não pode renunciar a elas, porque lhe foram conferidas em benefício do interesse público. A competência para a prática dos atos administrativos é fixada em lei; é inderrogável, seja pela vontade da Administração, seja por acordo com terceiros, embora possa ser objeto de delegação ou avocação desde que não conferida a determinado órgão ou agente com exclusividade" (cf. *Discricionariedade Administrativa na Constituição de 1988*, Ed. Atlas, 1991, pág. 51).

O ato administrativo projeta, portanto, a vontade da Administração Pública. Esta manifestação resulta da vontade do agente público, que é uma pessoa física. E, no tocante ao ato administrativo, a vontade do agente público, ao externar a manifestação da Administração, há de ser livre, desejada, consciente e de boa-fé. Daí que, como pré-requisito do ato administrativo, necessário se faz que o agente público tenha capacidade civil, assinalando, a respeito, José Cretella Júnior que "a falta de capacidade ou incapacidade do agente, quer absoluta, quer relativa, torna o ato ilegal, passível de conseqüências que podem culminar com seu total aniquilamento" (cf. *Direito Administrativo Brasileiro*, vol. I, Ed. Forense, pág. 129).

Vale dizer, portanto, que no ato administrativo, no tocante ao seu sujeito, o agente há de ser capaz e competente.

Edmir Netto de Araújo, em sua tese "Do Negócio Jurídico Administrativo", apresentada ao concurso para cargo de Professor Titular de Direito Administrativo da Faculdade de Direito da USP, em 1991, refere que capacidade e competência são termos que caminham lado a lado no Direito Administrativo, ambora possuam diferentes significados, esclarecendo: "diz-se, mesmo, ser a competência a medida da capacidade do Estado, seus órgãos e agentes. Na verdade, o conceito de competência não substituiu o de capacidade" e, fazendo referência a Arnaldo de Valles, aduz que o conceito de competência superpõe-se ao de capacidade, pois além da capacidade geral do Estado, cada órgão seu possui a respectiva competência para certa atividade, que só através dela pode ser exercida pelo Estado.

A competência tem assim configuração não só quantitativa, mas também qualitativa, pois como a conceitua Diogo de Figueiredo Moreira Neto a competência é "quantidade ou qualidade do poder funcional que a lei atribui às entidades, órgãos ou agentes públicos para executar sua vontade" (cf. *Curso de Direito Administrativo*, Ed. Forense, 1989, pág. 106).

A competência administrativa irradia-se, portanto, da lei.

É a lei que, previamente, dá os contornos da competência administrativa e delimita o campo de atuação do órgão ou entidade estatal e do agente público, isto porque a vontade da Administração Pública, externada no ato administrativo, é manifestada pelo agente público vinculado ao órgão estatal.

Os órgãos são "unidades que sintetizam os vários círculos de atribuições do Estado", sendo que os feixes individuais de poderes funcionais acham-se repartidos no interior da personalidade estatal e expressados através dos agentes neles providos, como sustenta Celso Antônio Bandeira de Mello (cf. Apontamentos sobre os Agentes e Órgãos Públicos, Ed. RT, pág. 69).

Os órgãos públicos, entretanto, não possuem personalidade jurídica própria. Esta personalidade é atributo da entidade estatal a que estão vinculados. Não obstante, os atos administrativos praticados por agentes, investidos dos poderes correspondentes às suas atribuições, geram efeitos jurídicos que externam a atuação da entidade estatal e, a final, devem ser por ela suportados, arcando com suas conseqüências.

A edição do ato administrativo deve, pois, guardar conformidade com a competência outorgada pela lei seja à entidade pública ou ao órgão público e ao agente público que deva praticá-lo, sob pena de ocorrer desvio de finalidade, isto porque toda a atuação da Administração Pública decorre do princípio da legalidade ("suporta a lei que fizeste").

No campo do Direito Administrativo decorrem do *princípio* da *legalidade* os princípios da *restritividade* ("Só fazer o que a lei determina ou permite") e da *especialidade* ("somente empregar o patrimônio, os meios técnicos e o pessoal de que dispõem para a consecução do fim específico em virtude do qual foram criados").

Estes princípios informam toda a atividade da Administração Pública e deles é que se irradia a competência administrativa, ressaltando-se que a competência requer sempre texto expresso de lei para que possa existir.

A competência decorre, portanto, do primado legal. É a lei que a estabelece, outorgando poder ao agente público para a prática de ato que, em última análise, deságua na gestão do interesse público.

Sem a observância da lei, não há falar-se em outorga de competência.

Daí decorre que o princípio hierárquico também há de ser regrado pela lei.

Como conseqüência da observância do princípio da legalidade e da hierarquia é que se pode admitir a existência da delegação administrativa.

Quarta Parte

COMPETÊNCIA ADMINISTRATIVA NO DIREITO BRASILEIRO

Capítulo Nono

DELIMITAÇÃO DOUTRINÁRIA

29. A competência na doutrina

Anotado que *competência*, conceitualmente, é *conjunto de atribuições* que, por lei, são asseguradas a entidades ou órgãos estatais e aos agentes públicos para a realização da tarefa administrativa, tem-se que afigura-se em elemento fundamental da atuação do Poder Executivo, já que, formalmente, por excelência, é ele que edita atos administrativos.

Entretanto, anomalamente, os demais Poderes do Estado, o Legislativo e o Judiciário, também editam atos administrativos. Porém, quando assim agem, o fazem sob o ponto de vista material.

Há, portanto, dois pólos de competência administrativa. Um deles situa-se no Poder Executivo, que detém a competência formal administrativa. O outro pólo se localiza nos Poderes Legislativo e Judiciário quando, anomalamente, desempenham atividades materialmente administrativas.

Esta distinção não chegou a ser pressentida por autores do porte de *Lorenzo Meucci*, pois definia ele, em fins do século passado e início deste, que o Direito Administrativo era a disciplina que rege os atos do Poder Executivo.

Este posicionamento, que não era isolado, pois contava com o modo de pensar de *Vicente Santamaria de Paredes*, sofreu a crítica de *Mário Masagão* por restringir o campo da disciplina, pois "a administração não se exerce por um só dos ramos clássicos do poder público, mas pelos três. Administra em larga escala o Poder Legislativo, pois dele dependem a criação e a organização do serviço público, bem como a sua disciplina geral. E até os órgãos do Poder Judiciário, além de sua função específica, que é jurisdicional, exercem acidentalmente funções administrativas" (cf. *Curso*, 5ª ed., 1974, pág. 3).

José Cretella Júnior também se opôs à definição de *Meucci*, por ser incompleta e formulou precisa distinção entre o que seja ato administrativo material editado pelo Legislativo e pelo Judiciário, em contraposição ao ato administrativo formal, que é editado pelo Executivo, prelecionando com acuidade que *formal* é palavra reservada pela técnica do direito público para designar os atos administrativos "em relação ao órgão que os edita", ao passo que *material*, com mais propriedade, serve para indicar os atos administrativos "em relação à matéria, ao conteúdo, à substância", bem como "em relação ao fim que têm em mira". Daí que, em sentido *formal* ou *orgânico* – critério subjetivo – são atos administrativos todos aqueles que emanam do Poder Executivo, da Administração. E, em sentido *material*, isto é, quanto ao objeto visado e aos efeitos jurídicos perseguidos, são atos administrativos todos aqueles por meio dos quais o Estado determina situações jurídicas individuais ou concorre para que tais situações se formem, não interessando, de modo algum a natureza do Poder que os edita (In *Curso*, Forense, 10ª ed.,1989, pág. 227).

O conhecimento desta distinção não tem apenas sabor acadêmico, quando se tem que a maior parte dos atos administrativos são editados pelo Poder Executivo, porém, sabendo-se que os outros dois poderes podem, também, editar atos administrativos, o interesse prático que daí decorre está em se utilizar os remédios jurídicos aplicáveis ao caso concreto, na hipótese de violação de direitos, distinguindo-se estes atos administrativos materiais editados pelo Legislativo e pelo Judiciário dos atos precipuamente legislativos e jurisdicionais, respectivamente, os quais, sendo manifestação de potestade pública, não se sujeitam ao princípio hierárquico.

Ao Poder Executivo, à Administração Pública, portanto, se reserva a quase totalidade da edição dos atos administrativos porque a atividade de *"aplicar a lei de ofício"*, isto é, sem provocação de terceiros, é de sua competência, porque administrar é gerir serviços públicos e a Administração é a gestão de serviços públicos.

Esta *gestão de serviços públicos,* que caracteriza a atividade administrativa, cuja competência é reservada, precipuamente, ao Poder Executivo, pode ser prestada de forma *direta,* quando o serviço público é gerido pelo próprio pessoal do Estado (União, Estados, Municípios) e de forma *indireta,* quando é exercida por pessoas físicas, por pessoas jurídicas de direito privado ou por pessoas jurídicas de direito público interno, que agem em nome do Estado.

No Brasil, o Decreto-Lei nº 200, de 1967, implantou a reforma administrativa, em nível federal, tendo denominado Administração direta o Estado (União) e Administração indireta as autarquias, as empresas públicas e as sociedades de economia mista.

A forma indireta de prestação do serviço público pode ser deferida ao particular, no âmbito do Poder Executivo, à pessoa jurídica, ou à pessoa física por exemplo, quando lhe comete a lei a obrigação de declarar o imposto de renda. Ao apresentar sua declaração do imposto de renda, o particular exerce competência administrativa, no sentido de prestar serviço público administrativo relacionado à exação e recolhimento fiscal. Da mesma maneira quando, procedente do exterior, ao ingressar em território nacional deve fornecer declaração de bens sujeitos eventualmente à tributação de produto estrangeiro.

No âmbito do Poder Judiciário, como já ressaltado, além da atividade precípua que é a de *"aplicar a lei ao caso concreto",* atuando exclusivamente por provocação (*"ne procedat judex ex-officio"*), executa o juiz atividade materialmente administrativa. Por exemplo, ao exercer o poder de polícia durante a realização de audiências; ao proceder à instauração de sindicâncias administrativas; ao promover correições em Cartórios; ao determinar o recolhimento de custas judiciais devidas em decorrência de propositura de ações e de custeio de diligências. Da mesma maneira, ao determinar a distribuição de uma ação, o ato praticado pela autoridade judiciária tem natureza administrativa, muito embora da distribuição decorram conseqüências processuais, como a interrupção da prescrição e a fixação da competência do órgão jurisdicional.

Registre-se que a lei confere competência jurisdicional ao cidadão, não sendo ele Juiz de Direito, em condição especialíssima no Tribunal do Júri, quando o jurado passa a ter competência jurisdicional, sendo que na forma do artigo 437, do Código de Processo Penal, o exercício efetivo da função de jurado é considerado serviço público relevante, e a sua decisão há de ser proferida de acordo com a consciência e os ditames da justiça (art. 464, C.P.P.).

Já os mesários e integrantes de Junta Receptora de votos, no âmbito da Justiça Eleitoral, praticam atos administrativos materiais quando, por exemplo, certificam o número de eleitores que votaram no pleito eleitoral. No entanto, a decisão emanada da Junta Apuradora de votos, em Seção Eleitoral, ao decidir quanto à impugnação de voto, por exemplo, caracteriza ato de natureza jurisdicional, afeto à Justiça Eleitoral.

Na esfera do Poder Legislativo, sua competência, por excelência, é reservada para a prática de atos de natureza legislativa. No entanto, também o Legislativo edita atos materialmente administrativos, como, por exemplo, quando o Congresso Nacional autoriza o Presidente da República a se ausentar, por mais de quinze dias do país (art. 49, III, C.F.). Da mesma maneira, todos os atos da Mesa Legislativa são de natureza material administrativa.

A Constituição Federal, em seu artigo 52, incisos I e II, outorga competência jurisdicional material ao Senado Federal para julgar o Presidente, o Vice-Presidente da República, Ministros do Supremo Tribunal Federal, o Procurador Geral da República e o Advogado Geral da União nos crimes de responsabilidade, dispondo seu § único que a presidência do julgamento é conferida ao Presidente do Supremo Tribunal Federal.

Foi o que, em episódio recente, sucedeu com o então Presidente da República Fernando Collor.

Atos administrativos materiais são, também, os que concedem férias e licenças aos Juízes de Direito e que dispõem quanto à designação de Juízes Substitutos e Auxiliares, embora praticados pela Presidência do Tribunal.

Ato administrativo material também editou o E. Tribunal de Justiça de São Paulo ao cuidar de uniformizar a atualização monetária de precatórios judiciais, através do Assento Regimental nº 195/91 (*in* D.O.J. de 21 de junho de 1991).

Questão que desperta interesse no estudo da competência administrativa é reconhecer que, mesmo no âmbito do Poder Executivo que, por excelência, edita atos administrativos formais, há uma *competência* do *centro* e há uma *competência* da *periferia*.

Assim é que, como preleciona José Cretella Júnior, "administrar" é "gerir serviços públicos". Administra-se por meio de pessoas, físicas ou jurídicas. Administra-se quer pelo *centro*, por si mesmo, utilizando-se dos próprios agentes da entidade central, quer por meio de pessoa diversa do centro, por pessoa que não se confunde com o centro (cf. *Comentários à Constituição*, Ed. Forense Universitária, 1ª ed., 1991, vol. IV, pág. 2120).

Ou seja, a competência administrativa do centro pertence à pessoa política ou ao ente estatal maior, posto que só ela é que tem competência para administrar, julgar e legislar.

"A Administração Direta 'administra', mas não administra só, e por excelência, exclusivamente. Entre suas inúmeras funções – políticas, legislativas, jurisdicionais – está incluída a função administrativa. A União legisla, julga e administra. Os Estados-Membros legislam, julgam e administram. Os Municípios legislam e administram" (*op. cit.*, pág. 2120).

A competência do *centro*, portanto, é genérica, ou em outras palavras, é a que possibilita o desempenho de todo e qualquer serviço público de sua respectiva atribuição.

Daí poder-se falar em competência *periférica* à outorgada à Administração Indireta.

A Administração Indireta é exercida por entidade, pública ou privada, criada pela pessoa política, mas que não se confunde com a pessoa jurídica pública, política, matriz criadora. Ou seja a União, os Estados-Membros e os Municípios nunca poderão ser considerados Administração Indireta, porque exercem a competência administrativa pelo *centro*, que é desempenhada pelo Poder Executivo e por seus auxiliares.

A competência administrativa periférica é exercida por pessoa administrativa que tem capacidade específica de só administrar, esgotando ou exaurindo nesta atividade administrativa a sua tarefa específica, uma vez que não tem a competência para legislar, nem para distribuir justiça, nem tampouco editar ato político.

O exemplo característico da entidade que tem competência periférica, tratando-se de pessoa administrativa típica, é a *autarquia*, porque ela foi instituída para executar a administração indireta, desempenhando serviço público administrativo formal.

Se, entretanto, a autarquia passa a perseguir serviços privados, comerciais ou industriais, o que ocorre é um desvio ou descumprimento de sua função descentralizante.

Tem-se entendido com freqüência que as concessionárias de serviço público também exercem competência periférica ao desempenharem atividade caracterizadora da Administração Indireta. Porém, necessário se faz o registro de que, materialmente, pelo conteúdo, pela atividade prestada, desempenha a concessionária de serviço público a Administração Indireta. Não, porém, sob o ponto de vista formal, porque a lei não classifica como tal. Tanto a concessionária, quanto a permissionária de serviço público e bem assim os detentores de autorização do exercício privado de serviço público são, formalmente, pessoas físicas ou jurídicas de direito privado e, por isso, materialmente prestam serviços públicos decorrentes de competência periférica, por delegação do centro, através de autorização legislativa.

As empresas públicas e as sociedades de economia mista são pessoas jurídicas de direito privado e por definição legal (art. 5º, II e III, D.L. 200/67), têm por escopo a exploração de atividades econômicas – atividades industriais e comerciais – e, por isso, tecnicamente não integrariam a Administração Indireta, porém, quando por "aberração", anomalamente, deixem de desempenhar estas atividades econômicas para, por exceção, exercerem serviços públicos, aí, então, é que serão consideradas Administração Indireta, agindo por delegação e sob a égide da competência administrativa periférica.

Importante, portanto, para que se classifique uma entidade como sendo da Administração Indireta é que se verifique, por primeiro, a matéria, o conteúdo, a substância, a natureza do serviço desempenhado. Não há como *"a priori"* batizar uma entidade como pertencente à Administração Indireta. Há que se ater ao critério objetivo, material ou substancial da atividade prestada. Não o formal.

Como sustenta José Cretella Júnior pode até mesmo o texto legal rotular a empresa pública e a sociedade de economia mista como pertencentes à Administração Indireta, porém o texto legal não tem o condão de alterar a natureza das coisas. O mundo jurídico trabalha com objetos do mundo, que é seu suporte fático e assim o conceito científico, derivado da natureza das coisas, manda que se defina a Administração Indireta, em razão dos serviços por ela desempenhados.

A respeito do tema da delegação administrativa há de se fazer o registro, já assinalado por Régis Fernandes de Oliveira (cf. *Delegação Administrativa*, Ed. Revista dos Tribunais, ed. 1986, pág. 15) de que o vocábulo delegação tem sido utilizado de modo assistemático, empregando-o os autores com conteúdo diverso, de forma a abarcar institutos diferentes, exatamente por se tratar de um termo equívoco, não tendo significação unívoca, residindo nesta circunstância a dificuldade de seu atendimento.

Não se pode abarcar a delegação administrativa no conceito de delegação de poder, no sentido de se admitir a delegabilidade de funções estatais típicas, que por sua natureza política são indelegáveis, como o de fazer leis, proferir sentenças com força de coisa julgada e administrar, já que cada órgão de poder permanece dentro do seu estrito campo de atribuições, não podendo autorizar que outro exerça sua função, tanto que Rui Barbosa, ao comentar a Constituição de 1891, sustentava ser inconstitucional a delegação de poderes.

A Constituição de 1969, em seu artigo 6º, § único, dispunha ser vedada a qualquer dos Poderes delegar atribuições, salvo as exceções constitucionalmente previstas, de sorte que quem for investido na função de um deles não possa exercer a de outro.

A atual Constituição, de 1988, em seu artigo 2º, consagra a tripartição dos Poderes, o Legislativo, o Executivo e o Judiciário, os quais são independentes e harmônicos entre si. Não faz, contudo, expressa referência à vedação da delegação de poderes, embora no art. 68 possibilite que o Presidente da República possa elaborar leis delegadas, autorizado pelo Congresso Nacional, com competência limitada nos seus parágrafos.

Assim, o ensinamento de Dalmo Dallari, a este respeito, é preciso quando discorre que "recebida de início com muitas reservas e despertando forte resistência, a delegação de poderes, sobretudo a delegação do poder legislativo, foi aos poucos penetrando nas Constituições. Atualmente, superada já a fase de resistências, admite-se como fato normal a delegação, exigindo-se apenas que seja limitada no tempo e quanto ao objeto. Os que ainda temem os efeitos da delegação não a recusam totalmente, sustentando, porém, que certas competências devem ser consideradas indelegáveis" (cf. Elementos de Teoria Geral do Estado, pág. 194).

Anotada a exceção constitucional, o que se tem é a indelegabilidade de poderes, na esteira do que manifestava João Barbalho, para quem "sendo os poderes criados pela Constituição divisos e cada um com esfera sua, se se lhes deixasse o arbítrio de delegar funções uns aos outros, a separação de poderes seria uma garantia anulável ao sabor dos que os exercessem" (cf. *Constituição Federal Brasileira*, 2ª ed., 1902, pág. 50).

Também não há como querer compreender no conceito da delegação administrativa, em sentido estrito, a delegação de prestação de serviço público, a qual se fundamenta em critério de conveniência e oportunidade a prestação direta do serviço público e que pode ser transferida a particular ou a entidade da administração indireta. Trata-se de descentralização administrativa e não de delegação, com previsão no art. 21, XII, da Constituição.

O fundamento legal que posssibilita a delegação administrativa, em sentido estrito, encontra-se no art. 84, § único, da Constituição Federal.

Dessa maneira, no sistema administrativo do Brasil, há previsão constitucional para a delegação administrativa.

Como assinala Régis Fernandes de Oliveira, o objetivo precípuo da delegação administrativa "é o de possibilitar que as soluções cheguem com mais urgência e rapidez à realidade fática que deva ser atendida pela Administração Pública" (cf. cit. op. cit. pág. 74), de modo a que se acelere a decisão dos assuntos de interesse público ou da própria Administração, isto porque "é princípio da moderna ciência da administração que se tomem decisões próximas dos interesses particulares. A comunidade acha-se distanciada dos focos de emanação do poder. Sente-se longe do atendimento de seus anseios e reclama da morosidade burocrática na satisfação de seus interesses e necessidades imediatas".

O que caracteriza a delegação administrativa é a observância do interesse público e que é, em última análise, o atendimento dos fins mesmos que a Administração Pública se propõe a atingir.

Daí porque, reveste-se a delegação administrativa, como assinala Odete Medauar, Professora de Direito Administrativo da Faculdade de Direito da Universidade de São Paulo, de uma forma de se dar a necessária continuidade à prestação dos serviços públicos (cf. *Revista Forense* 278/21). E, fazendo remissão ao ensinamento de Francis Paul Bénoit, o fundamento da delegação administrativa é de ordem prática, tendo o instituto, por objetivo, permitir maior aceleração na marcha dos negócios e até, em alguns casos, evitar a paralisia da Administração. Isto, porque os agentes públicos, titulares de competência, não sendo numerosos ficariam sobrecarregados de serviço se precisassem desempenhar todas as funções, sem transferi-las, pelo menos em parte, descongestionando os órgãos centrais, desemperrando a máquina administrativa, constituindo-se, assim, em uma divisão do trabalho administrativo.

A realidade é que a delegação administrativa, como assinalado pelo Prof. Lafayette Pondé, na *Revista de Direito Público*, vol. 49, páginas 15 a 23, é, ainda hoje, um dos mais complexos temas da doutrina jurídica e acha-se diretamente vinculado ao tema da competência, posto que se trata de instituto através do qual um agente público confia o exercício de sua competência a outro agente, como conceituam Duez e Debeyre (In *Traité de Droit Administratif*, 1952, págs. 120/121), sem que se possa ver na delegação administrativa o maior defeito que se possa argüir na edição do ato administrativo e que é a incompetência do agente, a ponto de Jean Rivero (In *Droit Administratif*, 1970, pág. 230), ter proclamado: "A incompetência é o vício que incide sobre o ato emitido por quem não tem o poder legal de o fazer. De todas as formas de ilegalidade essa é a mais grave: os agentes públicos não têm nenhum poder senão com base e nos limites dos textos que fixam suas atribuições; fora desses textos não têm como participar do exercício do Poder Público. As regras de competência são regras de ordem pública".

A delegação de competência é, portanto, uma forma de transferência da competência administrativa e o agente delegante só pode transferir a competência que detém. Daí que, na prática, o instituto da delegação apresenta-se com os seguintes traços característicos:

a. por não se conceber a figura da autodelegação, é necessária a existência de dois agentes públicos, o delegante e o delegado;

b. que haja um conjunto de atribuições relacionadas à autoridade delegante;

c. que a delegação administrativa se consubstancie em um ato formal e escrito, no qual se fundamente o ato da delegação;

d. que a autoridade delegada tenha, por seu lado, competência para receber a delegação;

e. que a delegação seja parcial, pois a autoridade delegante não pode despojar-se da totalidade de suas atribuições.

Finalmente, a delegação há de ser publicada para que possa ter eficácia jurídica.

Para finalizar esta breve digressão quanto ao instituto da delegação administrativa, há que se fazer referência à responsabilidade jurídica pelos atos praticados em regime de delegação de competência.

A doutrina é unânime em sustentar que a responsabilidade administrativa, civil ou penal pelos atos praticados em razão de delegação de competência pertence à autoridade delegada. É o que prelecionam Caio Tácito, Odete Medauar, Agustin Gordillo, entre outros.

Os remédios jurídicos postos à disposição dos administrados vão desde a interposição de recursos administrativos, podendo a autoridade delegante, por via de recurso hierárquico, conhecer do ato da autoridade delegada, sendo mesmo uma emanação das garantias inscritas nos incisos XXXIV, alínea "a" e LV, do art. 5º da Constituição Federal, à impetração de mandado de segurança contra ato da autoridade delegada, uma vez que, no dizer de Hely Lopes Meirelles, "as atribuições delegadas embora pertencentes à entidade delegante colocam como coator o agente delegado que praticar o ato impugnado" (cf. *Mandado de Segurança e Ação Popular*, Ed. Rev. Trib., pág. 30), o mesmo dispondo a Súmula 510, do Supremo Tribunal Federal, "praticando o ato por autoridade, no exercício de competência delegada, contra ela cabe o mandado de segurança ou a medida judicial".

Se, entretanto, a revisão judicial do ato praticado pelo delegado não for de molde a ensejar a impetração de *"writ"*, por depender de dilação probatória, outras medidas judiciais poderão ser propostas. Porém, nesta hipótese, quem deve figurar no pólo passivo da ação é a pessoa jurídica de direito público interno a quem toca a sujeição passiva e não a autoridade delegada.

Capítulo Décimo

PILARES LEGISLATIVOS

30. A Competência no direito positivo

Como prelecionava o pranteado publicista Hely Lopes Meirelles, "o estudo da Administração Pública em geral, compreendendo a sua estrutura e as suas atividades, deve partir do conceito de Estado, sobre o qual repousa toda a concepção moderna de organização e funcionamento dos serviços públicos a serem prestados aos administrados" (cf. *op. cit.*, pág. 39).

O conceito do que seja Estado, por outro lado, pode ser buscado tanto no ponto de vista sociológico, como sob o prisma político, como sob a ótica constitucional e sob a ótica do Código Civil, embora possa reconhecer-se a existência de três elementos indissociáveis para a sua constituição e que são: povo, território e governo soberano.

Dessa maneira, sendo o povo componente humano do Estado, assentado em uma base física, que é seu território, tem o chamado governo soberano a expressão de conduta de seu próprio destino, de poder organizar-se e conduzir-se segundo a vontade de seu povo e de fazer cumprir as suas decisões, inclusive pelo uso de força, se necessário. Esta vontade do Estado manifesta-se através dos chamados poderes de Estado.

É o Estado, como alude Manoel de Oliveira Franco Sobrinho (cf. op. cit. pág. 71), "um autêntico ser vivo, uma organização política ativa, um complexo de poderes, de funções que impõe ordenamento jurídico, direitos e obrigações relativas aos direitos, modos de realização do bem público através de mecanismos adequados de ampla atuação administrativa na gestão dos serviços públicos".

A fonte primeira da organização estatal, como ser vivo que é, há de ser encontrada na Constituição, posto que é nela que estabelece-se a divisão política do território, dá-se a estruturação dos Poderes e a forma de Governo, bem como dispõe-se sobre o modo de investidura dos governantes e dos direitos e garantias individuais e coletivas dos integrantes de sua população.

A Constituição, por outro lado, deriva da soberania constitucional ou do poder constituinte que é, como assinala Rafael Bielsa "la potestad del pueblo de dar-se um gobierno y estabelecer normas de convivencia social y jurídica que aseguren la libertad, mediante disposiciones protectoras, y que determinen los derechos y deberes tiene su concreción positiva en la Constitución política, que siempre es, en mayor o menor grado, también jurídica. Esa potestad se llama soberania constituyente".(cf. *Compendio de Derecho Publico*, Ed. Depalma, Buenos Aires, 1.952, pág. 69).

Dessas noções doutrinárias constata-se que os vocábulos Governo e Administração Pública guardam íntima relação e, muitas vezes, chegam a se confundir, sendo necessário, para o desenvolvimento do tema, que se faça a distinção.

Assim, do ponto de vista formal, governo é o conjunto de poderes e órgãos constitucionais e Administração Pública é o conjunto de órgãos instituídos para a consecução dos objetivos do governo.

Sob o aspecto material, Governo é o complexo de funções estatais básicas, enquanto Administração Pública é o conjunto das funções necessárias para a consecução dos serviços públicos.

Daí que, com percuciência, anotou Hely Lopes Meirelles que a Administração não pratica atos de governo; pratica, tão somente, atos de execução, com maior ou menor autonomia funcional, segundo a competência de seus órgãos e agentes, através da edição de atos administrativos, sustentando que, comparativamente, pode-se dizer que governo é atividade política e discricionária, enquanto que administração é atividade neutra, normalmente vinculada à lei ou à norma técnica, sendo aquele o resultante de uma conduta independente e esta, uma conduta hierarquizada. E citando Debbasch, para quem "l'administration constitue l'instrument de réalisation de choix politiques. Sa fonction est comparable à celle d'un intermédiaire: elle assure, paralélement au *processus* représentatif, le contact entre les gouvernements et les citoyens. A cette fin, elle informe, elle prépare, elle prévoit, elle éxecute", termina por dizer que Governo e Administração são criações abstratas da lei, atuando por intermédio de seus órgãos (instrumentos de ação) e expressando a vontade do Estado por meio de seus agentes (pessoas físicas) investidos em cargos e funções (cf. *op. cit.* págs. 46/47).

Vê-se, portanto, que toda a estruturação do Estado, compreendendo Governo e Administração Pública, decorre do que a lei estabelecer a respeito. E esta lei, sem dúvida, é a Constituição que molda a organização política do Estado, dela derivando, em conseqüência, a legislação complementar e ordinária, através da qual se dispõe quanto à organização administrativa das entidades estatais, de suas autarquias e de suas entidades paraestatais e de outras atividades de interesse coletivo, objetivando a execução desconcentrada e descentralizada dos serviços públicos.

A Constituição Federal, de 1988, em seus títulos III e IV, dispõe quanto à organização do Estado e à organização dos poderes que o compõem.

No que interessa diretamente ao desenvolvimento deste trabalho, que trata da competência em matéria administrativa, os artigos 18 e 37, da Constituição Federal, podem ser considerados os pilares de sustentação da organização administrativa brasileira.

Diz o art. 18:

"A organização política-administrativa da República Federativa do Brasil compreende a União, os Estados, o Distrito Federal e os Municípios, todos autônomos, nos termos desta Constituição".

E, por sua vez, o art. 37, assim dispõe:

"A administração pública direta, indireta ou fundacional de qualquer dos Poderes da União, dos Estados, do Distrito Federal e dos Municípios obedecerá aos princípios da legalidade, impessoalidade, moralidade, publicidade", sendo que além destes princípios, em seus outros 21 incisos e 6 parágrafos, delimita os contornos de uma sadia administração.

É certo que a redação deste artigo 37, *"caput"*, da Constituição Federal, como assinalado percucientemente pelo Prof. José Cretella Júnior, em seus *Comentários à Constituição de 1988* (Editora Forense

Universitária, 1ª ed., 1991, tomo IV), se, de um lado, pela primeira vez em um texto contitucional, inseriu capítulo especial com a rubrica *Administração Pública,* sendo que o Decreto-Lei nº 200, de 25 de fevereiro de 1967, foi o instrumento legal pioneiro para a disciplina da administração pública federal, sem que, contudo, ampliasse o seu alcance para as demais figuras estatais menores, os Estados e os Municípios, o que foi feito pelo Ato Institucional nº 8, de 02 de abril de 1969, que permitiu a implantação das reformas administrativas locais por decreto do Poder Executivo, desde que obedecidos os parâmetros do D. L. 200/67.

Por outro lado, porém, o artigo 37 ainda carece de rigor técnico-conceitual, pois alude à existência de administração direta, indireta ou fundacional de qualquer dos poderes, pois, não é possível conceber-se possam os Poderes Legislativo e Judiciário criar *"autarquias"*, *"empresas públicas"*, *"sociedades de economia mista"* e *"fundações"* para o desempenho descentralizado de suas tarefas precipuamente legislativas e jurisdicionais.

Daí que, como aludido pelo profícuo comentarista, concluir-se que a Administração Pública, direta, indireta ou fundacional, não pode ocorrer em qualquer dos poderes, mas tão só no âmbito do Poder Executivo (ut fls. 2.132, op. cit.), propugnando pela eliminação da proposição *"de qualquer dos poderes"*, no texto normativo.

Inegavelmente, o artigo 37, *"caput"*, da Constituição Federal de 1988, tem o mérito de aglutinar princípios basilares de uma sadia e boa administração, elencando-os num mesmo dispositivo, visto que, anteriormente, os mesmos, embora existentes, estavam esparsos em anteriores dispositivos constitucionais. Os princípios agora expostos no *"caput"* são: o da legalidade, o da impessoalidade, o da moralidade e o da publicidade.

Embora o vocábulo *"princípio"* seja termo análogo, isto é, suscetível de inúmeros sentidos, todos eles ligados, porém, pelo menos por um ponto de contato, cientistas e filósofos estão de acordo em que não deve ser banido do vocabulário das ciências e da filosofia, mas que é necessário procurar sair do terreno da incerteza e encontrar termo para designar as posições iniciais, de onde parte a dedução, na ordem de implicação pura, abstração feita das questões de evidência ou de concordância que fazem com que tais ou quais proposições tenham o caráter de axiomas, postulados, de bases experimentais, como alude André Lalande, citado pelo comentarista.

O vocábulo princípio, na acepção vulgar, tem o sentido de *"aquilo que vem antes do outro"*, *"origem"*, *"começo"*, contrapondo-se a fim, assinalando marco inicial, no tempo e no espaço.

Na linguagem técnico-científica o vocábulo "princípio" é vago e indeterminado, uma vez que, designando proposição fundamental, que se coloca na base ou alicerce de um sistema, conforme a própria alteração da ciência, o princípio está sujeito a alterações maiores ou menores, em decorrência de novas descobertas.

De acordo com a principiologia, que trata da sistematização racional do princípio, classificam-se os princípios em monovalentes e plurivalentes.

Princípios monovalentes são proposições que servem de fundamento a um conjunto de juízos relativos a um só campo do conhecimento. Plurivalentes são os que presidem às ciências científico-naturais e às ciências científico-culturais, constituindo-se de proposições, de mesmo valor, comuns às ciências tanto de um quanto de outro grupo.

O Direito é, na classificação de Windelbad, ciência científico-cultural, colocando-se ao lado da ética, da psicologia e da sociologia, e, dessa maneira, possui uma série de princípios que valem igualmente para estas disciplinas laterais, princípios estes, entretanto, inaplicáveis para as ciências agrupadas sob o título de científico-naturais.

Contudo, o estudo da principiologia é complexo porque há momentos em que o princípio plurivalente de um dos grupos de ciências se encontra, formando um denominador comum, com outra ciência de grupo diverso. Tal se dá, por exemplo, com o princípio plurivalente do "alterum non laedere", que se aplica tanto às ciências morais quanto às ciências jurídicas e que tem correspondência com o princípio plurivalente da causalidade das ciências físicas.

O direito, como ciência do conhecimento humano, rege-se não só por princípios plurivalentes, dado a que se trata de ciência do grupo científico-cultural, fundamentada em sistema ético-jurídico de valores prestigiado pelo grupo social, como também por princípios monovalentes, que são proposições específicas para o seu campo de conhecimento.

O princípio da legalidade é o grande princípio que domina e informa toda a atividade do Estado, já que, através dele, submete-se o próprio

Estado à ordem jurídica, podendo este princípio ser sintetizado na fórmula *"legem patere quam fecisti"*.

Legalidade é a qualidade daquilo que é conforme a lei. A acepção do vocábulo lei há de ser buscada em seu sentido mais amplo que é o direito. A legalidade exprime assim a conformidade ao direito e ela é, portanto, sinônima de regularidade jurídica.

O princípio da legalidade aplicada à Administração expressa, pois, a regra segundo a qual ela deve agir e comportar-se de acordo com o direito.

Assim, é a observância do princípio da legalidade que caracteriza o chamado Estado de direito, ao qual se contrapõe o Estado de polícia.

A consagração do princípio da legalidade, como informador da atividade estatal, resultou de lenta evolução histórica, porque houve períodos em que se admitiu que o Estado pairava acima da regularidade jurídica e os governantes estavam desobrigados à obediência ao direito.

J.J. Calmon de Passos em estudo intitulado *"O Devido Processo e o Duplo Grau de Jurisdição"* (cf. *Revista Forense* 277/1) erige o devido processo legal na nota distintiva entre o Estado de direito e entre o Estado autoritário ou de polícia, uma vez que é no *"due process"* do art. 39, da Magna Carta: "No free man shall be taken or imprisoned, or disseised or out-lawed, or exiled, or in any way destroyed, nor will we go upon him, nor will we send upon him, except by the legal judgment of his peers or by the law of the land", que se corporifica o princípio da legalidade, uma vez que, como discorre o ilustre professor da Faculdade de Direito da Universidade Federal da Bahia, "processo e liberdade, processo e democracia, processo e segurança dos governados contra o arbítrio dos governantes são razões diretamente proporcionais, e a excelência de uma determina e denuncia a excelência de outra", uma vez que o processo como instrumento indispensável à realização do direito e à segurança dos indivíduos na convivência social, autolimita o Estado em seu poder de ordenação da sociedade, submetendo-o ao comando da lei que ele próprio, o Estado, editou, o qual, no caso de seu não cumprimento, por parte do próprio Estado, através do comando contido em uma sentença judicial, resultante de um processo, especializando a lei ao caso concreto, impõe o Estado a cumpri-lo.

Vale dizer, portanto, que o Poder Judiciário é o guardião da legalidade.

É este, portanto, o alcance do princípio da legalidade e que está consagrado no frontispício do título constitucional dos direitos e garantias fundamentais da Constituição de 1988, no *"caput"* do art. 5º, quando ali se diz serem todos iguais perante a lei.

No campo do direito público a existência de um Estado de direito, como anota Balladore Pallieri, citado por José Cretella Júnior, caracteriza-se pela submissão do Estado à jurisdição, aplicando a lei a caso concreto, sendo ela exercida por juízes imparciais com todas as garantias e que o Estado se submeta à jurisdição como parte em igualdade de condições com a outra parte (op. cit., pág. 2144).

O *princípio da impessoalidade* que deve observar a Administração Pública, como consta do *"caput"* do art. 37, da C.F./88, em certo sentido, aproxima-se do princípio da isonomia, na medida em que impõe que a gestão administrativa seja destinada aos cidadãos em geral, obstando o desenvolvimento de qualquer espécie de favorecimento ou vantagem pessoal.

Impessoal é aquilo que tem o caráter de generalidade, isto é, que não se aplica ou se destina a pessoa determinada.

Ou seja, a Administração Pública deve ser exercida em caráter genérico, não se destinando a determinada pessoa ou a grupo de pessoas, ainda que diretamente vinculadas aos detentores do poder, pela exata razão de o *"administrador"* não ser *"dominus"* dos bens e interesses públicos.

O *princípio da impessoalidade* está, assim, relacionado ao interesse público a ser atendido na gestão administrativa e impede o administrador de buscar outro objetivo ou de, a pretexto de exercer a gestão administrativa, atender interesse próprio ou de terceiros.

O que o *princípio da impessoalidade* veda é a prática de ato administrativo sem interesse público ou conveniência para a Administração, visando tão só a satisfação de interesses particulares ou mesmo ao atendimento de interesses subalternos, como a perseguição a desafetos políticos. Se tal ocorrer, estar-se-á diante da figura do abuso de poder ou abuso de autoridade, que tanto pode ser caracterizado pelo excesso de poder como de desvio de finalidade.

O abuso de poder na lição de Hely Lopes Meirelles, como todo ilícito, reveste as formas mais diversas. Ora se apresenta ostensivo como a truculência, às vezes dissimulado como o estelionato, e não raro encoberto na aparência ilusória dos atos legais. Em qualquer desses aspectos

– flagrante ou disfarçado – o abuso do poder é sempre uma ilegalidade invalidadora do ato que o contém (cf. op. cit., pág. 84).

O princípio da impessoalidade caracteriza a Administração Pública, da mesma forma como o princípio da pessoalidade marca e distingue a administração privada. Nesta o *"dominus"* é o particular e, como tal, pode dispor de seus bens segundo a sua "voluntas". Ao passo que, no direito público, o *"administrador"* não detém a disponibilidade do bem ou interesse público, que lhe são confiados por lei para serem administrados e geridos.

Como alude José Cretella Júnior, "o interesse particular é disponível, sendo informado pela vontade humana, ao passo que o interesse público é indisponível, porque informado pela idéia de fim. No direito privado, prevalece a vontade, no direito administrativo prepondera a finalidade" (cf. *Direito Administrativo Brasileiro*, Forense, 1983, pág. 43), uma vez que a atividade da Administração é vinculada a um fim, fim de interesse público, de sorte que "o agente do Estado pode fazer apenas o que a norma o autoriza de modo expresso, ao passo que o cidadão comum pode fazer tudo o que não seja proibido pela lei" (cf. *Manual*, Forense, 1989, pág. 38).

Também é esta lição de Adolfo Merkl para quem: "El hombre jurídicamente puede hacer todo lo que no le sea prohibido expresamente por el derecho; el órgano, en fin de cuentas, el Estado, puede hacer solamente aquello que expresamente el derecho le permite, esto es, lo que cae dentro de su competencia" (cf. *Teoria General del Derecho Administrativo* – Ed. Nacional – México, 1980, pág. 211).

O princípio da impessoalidade constitui uma novidade no direito brasileiro, como sustenta Maria Sylvia Zanella Di Pietro, e tem caráter dúplice, pois exigir impessoalidade da Administração tanto pode significar que esse atributo deve ser observado em relação aos administrados, como à própria Administração e citando José Afonso da Silva diz que as realizações governamentais não são do funcionário ou autoridade, mas da entidade pública em nome de quem as produzira, tanto que se proíbe a indicação de nomes, símbolos ou imagens que caracterizem promoção pessoal de autoridades ou servidores públicos em publicidade de atos, programas, obras, serviços e campanhas de órgãos públicos (cf. op. cit., pág. 168).

O terceiro princípio informador da Administração Pública mencionado no art. 37, da C.F./88, é o da *moralidade administrativa.*

Ao erigir o princípio da moralidade administrativa como um dos pilares de sustentação da Administração Pública, a Constituição Federal de 1988 coloca na ordem do dia o problema das relações entre Direito e Moral, seguindo tendência da doutrina mundial, reacendendo a antiga dicotomia já ressaltada pelos antigos romanos que entrelaçavam o ético e o jurídico, embora soubessem que os limites dos dois campos tangenciavam-se muitas vezes em zona cinzenta e que se encontravam, como se pode depreender dos conceitos: *"just ars boni et aequi"*; *"non omne quod licet honestum est"* e *"juris praeceptum sunt haec: honeste vivere, alterum non laedere, suum cuique tribuere"*.

Etimologicamente, moralidade tem origem no latim *moralistas* e pode-se, como faz *Sílvio Macedo*, referir-se como a adequação ou consonância aos valores morais. A moral, por sua vez, deriva do adjetivo *moralis* e este do substantivo *mos*, que *Cícero*, traduzindo do grego, deu o sentido de conduta (*apud Enciclopédia Saraiva*, vol. 53, págs. 258/259).

No campo do direito administrativo deve-se a *Hauriou* a sistematização do conceito de moralidade administrativa, como mencionado por *Hely Lopes Meirelles* (*op. cit.*, págs. 71/72), para quem a moralidade administrativa não se trata da moral comum, mas da moral jurídica, como o "conjunto de regras tiradas da disciplina interior da Administração".

O princípio da moralidade administrativa impõe ao administrador que não só obedeça ao parâmetro legal, no desempenho da tarefa administrativa, mas que o faça com a observância de regras de boa administração, não só pela distinção entre o Bem e o Mal, mas também pela idéia geral de administração e pela idéia de função administrativa, "além de traduzir a vontade de obter o máximo de eficiência administrativa, tendo ainda de corresponder à vontade constante de viver honestamente, de não prejudicar outrem e de dar a cada um o que lhe pertence – princípios de direito natural já lapidarmente formulados pelos jurisconsultos romanos" (cf. Antônio José Brandão, in RDA 25/454).

Assim, como esclarece Manoel de Oliveira Franco Sobrinho não basta a legalidade para justificar toda a ação do poder administrativo (cf. *Enciclopédia Saraiva*, vol. 53, pág. 264), uma vez que *"non omne quod licet honestum est"*, prelecionando: "note-se que legalidade e discricionariedade não raras vezes se confundem, dando margem a distorções que atacam regras legais ou liberando o Estado de *responsabilidade. No entanto, nos limites quanto aos fins, é preciso que o poder público diga ao que vem e ao que serve. Do contrário, os sistemas jurídicos administrativos falecem, corrompendo-se por meio de formas que por serem legais podem não ser morais, envolvendo, destarte, não somente responsabilidade e a dúvida na gestão administrativa".*

O poder que se confere ao administrador público, para a gestão administrativa, foi-lhe conferido para realizar determinado fim, por determinados motivos e por determinados meios e, dessa maneira, qualquer ação administrativa que se afastar dessa conduta caracteriza *desvio de poder* ou *de finalidade*, tornando-se *abusivo* e *ilegítimo* e, como tal, passível de nulidade, não se sonegando ao Poder Judiciário a sua apreciação, como já se decidiu: *"o controle jurisdicional se restringe ao exame da legalidade do ato administrativo; mas, por legalidade ou legitimidade se entende não só a conformação do ato com a lei, como também com a moral administrativa e com o interesse coletivo"* (TJSP, in RDA 89/134).

O quarto princípio informador da Administração Pública consagrado no art. 37, da C.F./88 é da publicidade dos atos praticados pela administração.

Pelo princípio da publicidade, agora erigido constitucionalmente, a Administração Pública deve tornar públicos os atos que edita, para que se evite venha a tornar-se gestão administrativa privada.

Se a Administração é, precipuamente, atividade que o Estado desenvolve, através de atos concretos e executórios, para a consecução direta, ininterrupta e imediata dos interesses públicos, segue-se que a publicidade é corolário lógico de sua atuação, pois trata-se de divulgação oficial do ato para conhecimento público e início de seus efeitos externos.

É através da publicidade que a Administração divulga, para conhecimento de todos os administrados, aquilo que está, efetivamente, realizando. E é pela publicidade que se tem conhecimento de que os demais princípios informadores da atividade administrativa estão sendo cumpridos.

"A publicidade não é elemento formativo do ato; é requisito de eficácia e moralidade. Por isso mesmo os atos irregulares não se convalidam com a publicação, nem os regulares a dispensam para sua exiqüibilidade, quando a lei ou o regulamento o exige" (cf. *Hely Lopes Meirelles, op. cit.,* pág. 75).

Além de assegurar a eficácia dos atos administrativos, a publicidade possibilita o conhecimento e o controle dos atos administrativos pelos interessados diretos e pelo povo em geral.

Para que este conhecimento seja obtido, a Administração deve fornecer certidões de seus atos, desde que requeridas por qualquer pessoa, para defesa de seus direitos ou esclarecimento de situações de interesse pessoal (*ut* art. 5º, XXXIV, "*b*", C.F./88), além de prestar informações, no prazo legal, sob pena de responsabilidade, ressalvadas aquelas cujo sigilo seja imprescindível à segurança da sociedade e do Estado (art. 5º, XXXII, C.F./88).

Tendo-se, pois, presentes estes quatro princípios informadores da Administração Pública, contemplados no art. 37, da C.F./88, dirigidos a todas as pessoas jurídicas de direito público interno e a quantos exercem atividade administrativa pública descentralizada, no nível federal, estadual e municipal, é, ainda, na Constituição Federal que se encontram as normas que regem a competência da União (arts. 21 a 24), dos Estados (art. 25) e aos Municípios (art. 30).

Capítulo Décimo primeiro

PAPEL DA JURDISPRUDÊNCIA

31. A competência na jurisprudência

O conceito técnico-jurídico de jurisprudência dado por José Naufel como sendo "a interpretação que os tribunais dão às leis, adaptando-as a cada caso concreto submetido a seu julgamento" (cf. *Novo Dicionário Jurídico Brasileiro*, vol. 3), abarca parcialmente o conceito, sendo mais completa a de Pedro Nunes para quem o vocábulo tem estes significados:

    a. o de ciência do direito;

    b. o modo pelo qual os tribunais realizam, interpretativamente, a aplicação concreta dos princípios legais vigentes;

    c. o de conjunto de decisões uniformes de um ou de vários tribunais, sobre o mesmo caso, em dada matéria, constituindo-se assim o *"usus foris"*. (cf. *Dicionário de Tecnologia Jurídica*, 3ª ed., vol. 2).

Esta dificuldade na própria conceituação técnico-jurídica da palavra jurisprudência denota, também, a dificuldade com que se debate a doutrina em considerá-la como fonte do direito, em países como o Brasil que adota o sistema do "civil law", substancialmente ligado às tradições romanísticas, contrariamente aos que adotam o "common law", de formação basicamente consuetudinária, exercendo os tribunais significativo papel na interpretação de normas gerais obrigatórias que equilibram as relações jurídicas.

Há legislações de países como a Áustria que, expressamente, dispõem que as decisões tomadas nos casos particulares e os julgamentos pronunciados por um tribunal, em lides especiais, não têm jamais força de lei e não podem estender-se a outros casos ou outras pessoas (art. 12, do Código Civil Austríaco). Outras, são omissas, nada dispondo a respeito, como o Código de Napoleão e o Código Civil Italiano, de 1942. E outras, como o Código Civil Suíço e o Soviético, são francamente favoráveis à orientação positiva, integrando a jurisprudência como fonte do direito.

Em percuciente estudo de R. Limongi França (In *O Direito, a Lei e a Jurisprudência*, R.T. 1974) destaca-se que a jurisprudência é fonte mediata ou indireta do direito, comungando com entendimento de Serpa Lopes, ressaltando sua importância pelas funções que desempenha, as quais são:

    a. interpretar a lei;
    b. vivificar a lei;
    c. humanizar a lei;
    d. suplementar a lei e
    f. rejuvenescer a lei.

Ao interpretar a lei, conquanto o trabalho exegético também seja realizado pela doutrina, a jurisprudência procura esmiuçar o sentido dos elementos de que a lei se compõe e, sobretudo, a acepção em que o legislador os desejou empregar, decidindo o julgador, não obstante, segundo o seu livre convencimento.

Ao interpretar os preceitos jurídicos relacionados ao caso concreto o julgador lhes empresta o dinamismo que os torna vivos e atuantes, sendo, portanto, a jurisprudência fator significativo de vivificação da lei.

Ao interpretar a lei, aplicando-a no caso concreto submetido ao julgamento, o julgador deixa de considerar o impessoalismo e o abstracionismo da lei para, atento às peculiariedades do caso, aplicá-la abrandando a rigidez do seu mandamento e, embora sem desvirtuar-lhe as funções e sem torcer-lhe a direção, aplainar as arestas e tornar *"pessoal"*, para o caso concreto, o comando abstrato contido na norma, resultando, portanto, na humanização do preceito. Ou, em outras palavras, não fosse este caráter de humanização da interpretação da lei e, então, ao computador, ainda mesmo que se considere extraordinário o avanço da cibernética, poder-se-ia deixar à máquina a exegese normativa.

A jurisprudência reserva, ainda, a função de suplementar a lei, em caso de ausência de lei, uma vez que o juiz não pode eximir-se de julgar diante de lacuna legal, mesmo porque é a própria lei que determina, em ocorrendo semelhante hipótese, o socorro à analogia, aos costumes e aos princípios gerais de direito.

Interpretando a lei e aplicando-a ao caso concreto, o juiz, sem dúvida, exerce decisivo papel de adaptar o comando legal à realidade social e à dinâmica da vida cotidiana. Esta atividade rejuvenesce a lei e possibilita que leis promulgadas em tempos mais distantes possam ser aplicadas em época de sucessiva transformação social.

Para o Direito Administrativo, ramo recente de Direito Público, com menos de 150 anos de formação doutrinária, tendo sua origem no Direito Francês, com a célebre decisão *Blanco*, no Tribunal de Conflitos, em 1º de fevereiro de 1873, que ficou sendo o *"leading case"* sobre o qual se construiu a moderna teoria da responsabilidade civil do poder público, adquirindo o Direito Administrativo sua autonomia, e erigindo-se a jurisprudência como fonte de direito.

O caso *Blanco*, como mencionado por José Cretella Júnior (*Tratado*, vol. VIII, págs. 22/24) "assinala momento culminante na história do direito administrativo, tendo aberto perspectivas inesperadas no campo da responsabilidade pública e influindo de modo inequívoco para a estruturação e a autonomia deste ramo do direito.

No ano de 1873, a menina Agnès Blanco, ao cruzar os trilhos que cortavam uma rua da cidade francesa de Bordeaux, foi colhida pelo vagonete da companhia Nacional da Manufatura de Fumo, que transportava matéria-prima de um para outro edifício. O pai da menor move, perante os tribunais judiciários, uma ação civil de indenização contra o prefeito do Departamento da Gironda, com fundamento de que o Estado é civilmente responsável por prejuízos ocasionados a terceiros, em decorrência da ação danosa de seus agentes (Código Civil Francês, artigos 1.382 a 1.384). Como na França existe o contencioso administrativo, ou seja, a administração julga, ou seja, um aparelhamento diverso e independente do Poder Judiciário, julga. Foi suscitado o denominado *conflito de atribuição*, indagando-se a quem caberia a decisão da controvérsia – aos tribunais judiciários ou aos tribunais da administração. O Tribunal de Conflitos, órgão competente para resolver os conflitos de atribuição suscitados, decidiu que a controvérsia deveria ser resolvida pelo tribunal administrativo, porque se trata de apreciar *a responsabilidade decorrente do funcionamento de um serviço público"*.

Acrescenta José Cretella Júnior que, "relatando o caso, o conselheiro do Governo, *David*, expende considerações avançadas para a época, aperfeiçoando de maneira precisa a fórmula já apresentada em decisão anterior" (caso Rothschild, de 06 de dezembro de 1855), precisando que: "a responsabilidade que incumbe ao Estado pelos prejuízos causados aos particulares por ato das pessoas que ele emprega no serviço público não pode ser regida por princípios que estão firmados no Código Civil, quando regula as relações de particular a particular; tal responsabilidade não é geral nem absoluta; tem regras especiais que variam conforme as necessidades do serviço e a imposição de conciliar os direitos do Estado com os direitos privados".

Vedel, referido por José Cretella Júnior, assinala que a autonomia do direito administrativo recebeu sua primeira formulação clara no célebre caso *Blanco*. E, por outro lado, Santi Romano aduz que, também, no direito italiano "os princípios que regulam a responsabilidade da administração pública não resultam, pelo menos diretamente, de disposições legislativas gerais, mas foram pouco a pouco delineados por uma trabalhosa e ainda incerta elaboração da doutrina e da jurisprudência".

Miguel Reale, conquanto assevere que a teoria do direito de nossos dias tenha chegado a entendimento pacífico quanto à afirmativa de ser a jurisprudência fonte de direito, assinala que é tranqüila a compreensão de que tanto a jurisprudência judicial quanto a administrativa sejam formas cada vez mais relevantes no processo de emanação de regras de direito, denotando a tendência, no mundo ocidental, de uma aproximação entre o sistema de direito continental europeu e latino-americano, de origem romanística, sob o primado da lei *"civil law"* e o anglo-americano do *"common law"*, marcadamente costumeiro e jurisprudencial, a ponto de, em nosso sistema, aumentar a força dos *"precedentes judiciais"*, como demonstra a experiência da *"súmula"* do S. T. F., e o processo legislativo que, por sua vez, cresce de importância na Inglaterra e nos Estados Unidos da América do Norte (cf. verbete Doutrina e Jurisprudência, *Enciclopédia Saraiva*, vol. 47, pág. 204).

A edição da *"Súmula"* do Supremo Tribunal Federal é, como contido em sua explicação preliminar, publicação oficial do Supremo Tribunal Federal, como anexo ao seu regimento, e tem finalidade de, não somente proporcionar maior estabilidade à jurisprudência, como também facilitar o trabalho dos advogados e do Tribunal, simplificando o julgamento das questões mais freqüentes (*apud* 6ª ed., 2ª tiragem, Ed. Max Limonad Ltda., págs. 3/4), possibilitando-se, entretanto, sua revisão, através de alteração do entendimento da maioria, segundo regra procedimental a ser observada no próprio Regimento, demonstrando-se, assim, sua dinâmica, conquanto "a autoridade moral dos casos julgados pelos tribunais superiores em relação aos inferiores é lógica conseqüência do sistema de diversidade de instâncias", como prelecionava Ribas, lembrando que "a versatilidade de opiniões, em um tribunal, tira por certo toda força moral às suas sentenças, mas se aparecerem novas e importantes até então não apreciadas, se o tribunal convencer-se de que estava em erro, deve abandonar a sua antiga jurisprudência, porque o erro nunca poderá servir de base ao direito consuetudinário" como citado por R. Limongi França (In verbete jurisprudência,*Enciclopédia Saraiva*, vol. 47, pág. 148).

No campo da competência, em matéria administrativa, as Súmulas nºs 148, 194, 384 e 510, do Supremo Tribunal Federal dão diretrizes jurisprudenciais a serem observadas em casos análogos, muito embora "as decisões do S. T. F., são preciosas fontes de consulta que, todavia, os juízes não são obrigados a seguir" (RF. 76/332), acrescentando, recentemente o Superior Tribunal de Justiça (4ª Turma, Recurso Especial 3.835, de 02 de Outubro de 1990) que a suscitação do incidente de uniformização de jurisprudência, em nosso sistema, constitui faculdade, não vinculando o juiz, sem embargo do estímulo e do prestígio que se deve dar a esse louvável instituto.

Na realidade, o Direito Administrativo por ser ramo novo do direito, não possuindo codificação, rege-se por legislação esparsa e tem na Constituição Federal, notadamente no art. 37, *"caput"*, nos princípios ali mencionados, a linha mestra de atuação da Administração Pública e, assim, naturalmente, cabe aos tribunais a sua interpretação, especializando-as ao caso concreto.

Capítulo Décimo segundo

DISTINÇÃO NECESSÁRIA

32. Do conflito das atribuições

O *estudo do tema da competência*, em matéria administrativa, restaria incompleto se não se analisasse a relevante questão do *conflito de atribuições,* devido às repercussões ocorrentes no cotidiano da Administração Pública, com reflexos, inclusive, em pleitos judiciais, levando muitas vezes à errônea solução, em face de confusão em torno das atividades *materiais* e *formais* desempenhadas pelos Poderes do Estado.

Neste equívoco incorreu Francisco Campos, ao organizar o Código de Processo Civil de 1939, pois nos arts. 146, 802 e 803, daquele diploma, influenciado por países que adotam o sistema dual de jurisdição, deu o nome de *"conflito de jurisdição"* a inúmeras hipóteses de *"conflito de atribuição":*

Os arts. 146, 802 e 803, do Código de Processo Civil de 1939, assim dispunham:

"Art. 146 - Nos casos de conflito de jurisdição entre autoridades judiciárias e administrativas (art. 802), a competência para o processo e julgamento será:

I - do Supremo Tribunal Federal, de acordo com seu regimento interno, quando forem interessadas no conflito autoridades judiciárias dos Estados e autoridades administrativas da União, ou autoridades judiciárias e administrativas de Estados diversos, ou, ainda, qualquer Tribunal de Apelação;

II - dos tribunais de Apelação, de acordo com os respectivos regimentos, quando forem interessados no conflito Governadores ou secretários de Estado, juízes, autoridades legislativas estaduais ou procuradores gerais do Estado;

III - dos juízes de direito, nos demais casos.

Art. 802 - O conflito de jurisdição poderá ocorrer entre autoridades judiciárias ou entre estas e as administrativas.

Parágrafo único. Dar-se-á o conflito de jurisdição:

I - quando ambas as autoridades se consideram competentes;

II - quando ambas se consideram incompetentes;

III - quando houver controvérsia entre as autoridades sobre a junção ou disjunção de processos.

Art. 803 - O conflito poderá ser suscitado:

I - pela parte interessada;

II - pelo órgão do Ministério Público;

III - pelo juiz ou autoridade administrativa.

Parágrafo único. Será ouvido como parte o órgão do Ministério Público, se por ele suscitado o conflito".

Ao intérprete desavisado poderia parecer que, no Brasil, as autoridades administrativas exercem atividade jurisdicional, *"dizem o Direito"*, julgam, no sentido formal da atividade prestada. Mas, tal não ocorreu e nem ocorre, posto que a atividade jurisdicional é conferida aos órgãos do Poder Judiciário, os quais desempenham formalmente e com exclusividade a tarefa de julgar. Como já foi visto, do ponto de vista material, tanto o Executivo quanto o Legislativo também realizam julgamentos, mas, sem a característica com que se revestem os julgados emanados do Judiciário, atividade pública substitutiva de atividade alheia, de sorte que conflito de jurisdição não se confunde com conflito de atribuição, posto que aquele só ocorre no seio do Poder Judiciário.

Assim, se a função jurisdicional se caracteriza pela aplicação da lei ao fato individuado para garantia dos direitos individuais, pode ocorrer que dois ou mais juízes, ou mesmo tribunais, se declarem competentes ou incompetentes para o conhecimento e julgamento de uma mesma causa. E este conflito tem o nome de *conflito de jurisdição,* cujas normas, para o seu desate, estão previstas no Código de Processo Civil e nas leis de organização judiciária.

Tecnicamente, portanto, só se pode falar em conflito de jurisdição quando estão envolvidas autoridades judiciárias, as quais sustentam serem competentes ou não para a solução da causa submetida a seu julgamento.

Ocorre *conflito de atribuição,* por outro lado, quando autoridades administrativas disputam a competência, positiva ou negativamente, para a prática de ato administrativo, caracterizando-se como luta de competência entre duas autoridades administrativas.

Se, entretanto, as autoridades judiciárias estando a exercer, por exceção, função administrativa, ensejarem o surgimento de conflito de competência, o que se terá, então, é um conflito de atribuição.

Pode ocorrer, ainda, que haja conflito entre autoridades judiciárias, judicantes, e autoridades administrativas. Nesse caso, como observa ManoelAureliano de Gusmão, o conflito denomina-se, geralmente, *"conflito de atribuição"* (cf. *Processo Civil e Comercial,* 4ª ed., vol. I/190, 1.939).

Para se localizar a origem desta confusão, na qual se emaranharam juristas como Francisco Campos e mesmo Pontes de Miranda que, ao comentar os Códigos de Processo Civil, de 1939 e de 1973, não percebeu a distinção existente entre conflito de atribuição e conflito de jurisdição, apesar de Alfredo Buzaid, idealizador e estruturador do atual Código, ter disposto que, no tocante ao conflito de atribuições entre autoridade judiciária e autoridade administrativa ter deferido aos regimentos internos dos tribunais a tarefa da disciplina do seu processo e julgamento, necessário se faz uma digressão quanto aos chamados sistemas de direito existentes, objeto de análise do Direito Comparado.

O direito comparado, como referido por Naojiro Sugiyama, consiste em verificar positivamente por meios determinados e com finalidade precisa, o que há de particular e o que há de comum em dois ou mais direitos nacionais ou subnacionais, tomado na mais ampla acepção do termo (*apud.* J. Cretella Júnior, *Direito Administrativo Comparado*, José Bushatsky Editor, 1972, pág. 62).

E baseado em estudos comparativos, Cretella Júnior, corifeu da Escola de Direito Administrativo de São Paulo, sustenta que dois são fundamentalmente os sistemas jurídicos existentes no mundo ocidental: os sistemas de base romanística e os sistemas de base não-romanística.

"Os sistemas de base romanística repousam no direito romano e caracterizam-se por conservarem a nomenclatura daquele sistema do mundo antigo, bem como dos vários institutos que ainda permanecem, com ligeiras modificações, como os romanos os estruturaram. Assim, não há falar-se em sistema francês, como querem franceses, nem em sistema italiano, nem em sistema lusitano, nem em sistema espanhol e nem em sistema belga. Estes são *"direitos"*, não *"sistemas"* (cf. *op. cit.* pág. 69).

É que, na realidade, todos estes direitos são variações que repousam num protótipo, que é o sistema romano. Daí, porque suas estruturações são denominadas sistemas de direito de base romanística.

Os demais sistemas que não se fundamentam no sistema romano são considerados sistemas de base não-romanística. E, como subdivisão deste sistema, encontra-se o sistema *"common law"*, que apresenta duas variações: o sistema inglês e o sistema norte-americano.

O Brasil, desde a instauração de sua república, em 1889, adotou o sistema de jurisdição una, ou seja, o do controle administrativo pela Justiça Comum e esta orientação sempre foi mantida nas constituições posteriores, conforme a regra "a lei não poderá excluir da apreciação do Poder Judiciário qualquer lesão de direito " (CF de 1946, art. 141, IV; CF de 1967, art. 150, § 4º; CF de 1969, art. 153, § 4º, e CF de 1988, art. 5º, XXXV).

Esta orientação imprimida pelo constitucionalismo brasileiro, como anotou Hely Lopes Meirelles, foi haurida no direito público norte-americano, tendo fornecido o modelo para a primeira constituição republicana, que adotou todos os postulados do *"rule of law"*, e do *"judicial control"* da Federação co-irmã, acrescentando ser de suma importância o conhecimento desta filiação histórica para a compreensão do Direito Público Brasileiro, especialmente o Direito Administrativo, para que não se invoquem inadequadamente princípios do sistema francês, como informadores do nosso regime político-administrativo e de nossa organização judiciária, quando nesses campos, só mantemos vinculação com o sistema anglo-saxônico (cf. op. cit. pág. 35).

Assim, embora o direito francês tenha impulsionado o direito administrativo e no seu sistema se abrigue o *contencioso administrativo,* nem por isso significa que o Brasil o tenha adotado, como modo de solução dos conflitos que envolvem a Administração Pública.

A adoção do *sistema de jurisdição una* significa que a definitividade do julgamento, com o ornamento da *"res judicata"*, está reservada à decisão jurisdicional, própria do Poder Judiciário.

Na França e nos países que adotam o contencioso administrativo, sistema pelo qual um aparelhamento autônomo e paralelo ao Judiciário comum toma conhecimento e julga matéria administrativa, as decisões proferidas por este aparelhamento fazem coisa julgada e são insuscetíveis de serem revistas pelo Judiciário Comum.

No Brasil e nos Estados Unidos da América do Norte a Administração Pública pode, por seus próprios órgãos, decidir matéria administrativa, mas estas decisões não têm caráter conclusivo, ficando sempre sujeitas à revisão judicial.

Esta, portanto, a origem da confusão a respeito do que seja conflito de atribuição e conflito de jurisdição, posto que na França, com a adoção do sistema dual de jurisdição, o aparelhamento independente *Julga, diz o Direito.*

Dessa maneira, a expressão *"conflito de atribuições"*, no direito universal, tem dois sentidos radicalmente diferentes, significando, no Brasil, "choque entre duas autoridades, administrativas ou não, em matéria administrativa" e, na França, "choque de competência para decidir contenciosamente, matéria administrativa".

Ou em outras palavras, pode-se dizer que conflito de competência é o gênero do qual derivam, duas espécies, o conflito de jurisdição e o conflito de atribuição.

O *conflito de jurisdição* ocorre no Brasil, somente entre autoridades judiciárias que, formalmente, julgam. Assim, no Brasil, devido à adoção do sistema uno de jurisdição, através do qual só o Poder Judiciário julga, formalmente, o conflito de jurisdição é característico de incidente jurisdicional e, por isso, só ocorre em seu seio. A solução do conflito de jurisdição acha-se disciplinada no Código de Processo Civil e, por isso, cuida-se de matéria de natureza exclusivamente processual.

Já nos países que adotam o sistema dual de jurisdição, em que há o chamado contencioso administrativo, como na França, onde *Juízes e Tribunais Especiais julgam,* formalmente, os feitos de interesse da Administração Pública, existindo, simultaneamente, o Poder Judiciário, ao qual está reservada a tarefa de julgar os feitos, nos quais não esteja envolvida a Administração Pública, denominando-se o de Justiça Comum, o conflito envolvendo autoridades judicantes, do Contencioso

Administrativo (Conselho de Estado) e da Justiça Comum, posto que ambas exercem formalmente função jurisdicional, é denominado *conflito de atribuição*.

No Brasil, portanto, pode rotular-se *conflito de competência* envolvendo juízes e tribunais, quando exercem atividade formal jurisdicional, e, também, de conflito de atribuição, quando se trata de matéria administrativa.

O conflito de atribuição, no Brasil, regra geral, só pode configurar-se desde que as autoridades nele envolvidas desempenhem atividade administrativa, ou seja, ainda que possam ser agentes do Poder Judiciário ou do Poder Legislativo, mas que estejam desempenhando uma tarefa materialmente de natureza administrativa.

Assim, por exemplo, numa comarca na qual existam vários juízes e haja entre eles um conflito quanto à competência relativa à utilização de determinada área do prédio onde está instalado o Fórum, o juiz diretor do Fórum reserva determinada área para a utilização e um dos juízes não aceita a destinação.

Os conflitos de atribuição "internos", ou seja, aqueles que envolvem duas autoridades de um mesmo Poder, são freqüentes, posto que são dois agentes públicos que se julgam competentes ou incompetentes para o desempenho de determinado serviço público ou para o exercício de certa função, ou, ainda, para a edição de um ato administrativo.

Se ambas as autoridades se julgam competentes, o que se tem é um conflito positivo de atribuição. Se, por outro lado, sustentam não serem competentes, ocorre o conflito negativo de atribuição.

A solução do conflito "interno", aquele que envolve agentes públicos do mesmo Poder é decidido pelo superior hierárquico comum dos funcionários, em decorrência do princípio hierárquico. A solução da chefia hierárquica há de ser acatada de plano, a quem a competência foi atribuída.

Embora mais difíceis de ocorrer, pode suceder que haja *conflito de atribuição* entre autoridades pertencentes a dois Poderes distintos, os quais disputam, seja positiva, seja negativamente, a competência, em matéria administrativa.

O Código de Processo Civil, de 1973, no seu artigo 124, dá a diretriz para a dirimição do conflito de atribuição envolvendo autoridades de Poderes distintos, *"in verbis":*

"Art. 124 - Os regimentos internos dos tribunais regularão o processo e o julgamento do conflito de atribuições entre autoridade judiciária e autoridade administrativa".

O regimento interno do Tribunal de Justiça de São Paulo assim disciplina a ocorrência (arts. 613 a 615).

O Código de Processo Civil, de 1973, a este respeito, utiliza-se de terminologia técnica apropriada, ao contrário do que ocorre com o Código de Processo Civil, de 1939, que, impropriamente, denominava conflito de jurisdição ao choque de competência envolvendo autoridades administrativas.

Exemplo de conflito de atribuição envolvendo agentes de dois Poderes distintos acha-se na *Revista de Jurisprudência*, volume 66, página 613, e ilustra bem a ocorrência. Trata-se de conflito de atribuições envolvendo o M.M. Juiz de Direito de Vara Criminal e de Menores de Feira de Santana e o Senhor Superintendente Regional da Polícia Federal, a respeito do exercício do poder de polícia para a fiscalização da freqüência de menores de 18 anos a sessões cinematográficas, concluindo o Supremo Tribunal Federal que a competência cabe ao Juiz Criminal e de Menores, o qual pode contar com o auxílio da polícia para a atividade fiscalizatória, materialmente administrativa.

Este conflito foi autuado como Conflito de Atribuições nº 6-BA, no E. Supremo Tribunal Federal, sendo expressivo o voto do Ministro Thompson Flores (relator) ao dizer: "são atribuições paralelas, as quais para o bom êxito da alta missão confiada aos respectivos órgãos, se oferecem inconfundíveis, merecendo recíproca compreensão em prol dos interesses públicos afetos a cada um", tendo o conflito sido decidido em 23 de agosto de 1973.

Os conflitos de atribuições *"internos"*, aqueles que envolvem autoridades que desempenham atividades administrativas de um mesmo Poder, encontram sua solução no princípio hierárquico, reservando-se à chefia administrativa hierarquicamente superior às autoridades envolvidas a sua dirimição. Trata-se de decisão de natureza administrativa, sem dúvida.

Também as decisões tomadas pelo Poder Judiciário quando é instado a dirimir conflitos de atribuições envolvendo agentes públicos de dois Poderes distintos, são igualmente de natureza administrativa, funcionando o Poder Judiciário, no dizer de Cretella Júnior, "como o superior hierárquico das autoridades conflitantes, cabendo, no caso, recursos administrativos e não recursos *judiciais, à decisão proferida*" (cf. Conflito de Atribuições no Direito Administrativo, separata da *Revista Forense*, volume 291).

A posição de Cretella Júnior não é a mesma de Mário Masagão, para quem, "nesses casos, as dúvidas de atribuição são resolvidas pelos órgãos do Poder Judiciário, não mais nas vestes de administradores, mas no exercício de suas funções jurisdicionais" (cf. *Curso de Direito Administrativo*, 5ª ed., 1974, pág. 320).

A matéria é complexa, porém, a respeito da divergência, concordamos com o entendimento de Cretella Júnior, pois, efetivamente, no conflito de atribuição "externo", aquele que envolve autoridades que desempenham funções administrativas, pertencentes a Poderes distintivos, sua dirimição por parte do Poder Judiciário, na forma do art. 124, do Código de Processo Civil, só pelo fato de ser solucionado pelo Poder Judiciário não significa que a decisão seja de natureza jurisdicional, mas, sabendo-se que o Judiciário pode, anomalamente, desempenhar atividade administrativa, a decisão, nestes casos, é de natureza administrativa, ainda que materialmente editada pelo Poder Judiciário.

Não é o fato de inscrever-se no Código de Processo Civil a maneira pela qual se dirime o conflito de atribuição "externo" que, automaticamente, se transforma em jurisdicional a matéria que por sua natureza é administrativa, posto que, também, no Código de Processo Civil estão disciplinados os procedimentos da chamada jurisdição voluntária ou administrativa ou júris-integrativa, no dizer de Celso Neves (arts. 1120 e segs. do C.P.C., que disciplinam a separação consensual, por exemplo) e sem que, com isto, signifique que a atividade não seja administrativa em sua essência. Tanto que, a jurisdição voluntária tem natureza mais administrativa e consiste na tutela do interesse público nos negócios jurídicos privados, como entende Liebman (cf. *Manuale*, pág. 24-5), tanto assim que o próprio Código de Processo Civil, no art. 1109, faculta ao juiz, nestas hipóteses, a possibilidade de afastar-se do critério de legalidade estrita, podendo, em cada caso, adotar a solução que reputar mais conveniente ou oportuna. Ora, isto é, justamente, o mérito do ato administrativo.

Conclusão

Ao encerrar este estudo sobre competência, em matéria administrativa, necessário se faz a apresentação de conclusão sintética, a fim de que se possibilite a visão de seu conjunto.

O estudo há de partir do pressuposto de que o Estado desempenha atividades jurídicas e atividades sociais. Aquelas são relacionadas com a tutela do direito e estas, as que asseguram aos integrantes do corpo social condições de bem-estar, cultura e progresso. Esta distinção de atividades tem cunho propedêutico, porque, em sentido lato, a atividade social do Estado abrange, também, a atividade jurídica.

As atividades jurídicas e as atividades sociais desempenhadas pelo Estado podem ser prestadas formal e materialmente pelos Poderes Executivo, Legislativo e Judiciário, sendo que o conhecimento do aspecto formal e material, no sentido técnico jurídico, é que possibilitará o estabelecimento da distinção entre as diversas atividades do Estado.

Formal não significa, em sentido técnico-jurídico, algo relacionado à forma, mas significa uma atividade que se toma em relação à fonte da qual emana, ou seja, relaciona-se ao órgão de que provém. Material significa a própria atividade em si. Assim, formalmente, os Poderes têm suas atividades precípuas de legislar, de julgar e de administrar, reservadas, respectivamente, ao Legislativo, ao Judiciário e ao Executivo, desempenhando as atividades-fim do Estado.

Para o adequado atendimento destas atividades-fim, em exercício anômalo, cada um dos Poderes do Estado pode desempenhar as atividades reservadas às dos dois outros. Este exercício anormal é que caracteriza a execução material da atividade do Estado e constituem as atividades-meio desenvolvidas pelos Poderes, para a consecução de sua precípua finalidade. Dessa forma, materialmente, o Legislativo administra e julga; o Judiciário legisla e administra e o Executivo, legisla e julga.

O campo de atuação do agente público, quando desempenha estas atividades-meio, deve balizar-se pela competência, elemento essencial da edição de todo e qualquer ato resultante da atividade material. Assim, o exame da competência, se faz necessário, para que se analise a quantidade de poder, conferida por lei, para que o agente possa desempenhar a atividade-meio.

Daí por que se procurou ressaltar a análise da competência, em matéria administrativa, seja quando o Estado presta a atividade formal administrativa, seja quando presta as atividades materialmente administrativas, executadas tanto pelo Judiciário, quanto pelo Legislativo, em verdadeiro exercício anômalo de suas funções.

Resulta, pois, que a competência, em matéria administrativa, há de ser analisada toda vez que o Estado praticar formal e materialmente ato administrativo, em seus três Poderes.

BIBLIOGRAFIA

AMARAL SANTOS, Moacyr - Primeiras Linhas de Direito Processual Civil, São Paulo, Max Limonad, 1971.

ARAUJO, Edmir Neto - Do negócio jurídico administrativo, tese de concurso para a cátedra de Direito Administrativo da Faculdade de Direito da USP, apresentada em 1991.

BANDEIRA DE MELLO, Celso Antonio - Ato Administrativo e Direito dos Administrados, São Paulo, Ed. Revista dos Tribunais, 1981.

___ - Elementos de Direito Administrativo, São Paulo, Ed. Revista dos Tribunais, 1981.

___ - Apontamentos sobre os agentes e órgãos públicos, São Paulo, Ed. Revista dos Tribunais.

BANDEIRA DE MELLO, Oswaldo Aranha - Princípios Gerais de Direito Administrativo, Rio, Ed. Forense, 1979.

BASAVILBASO, Benjamin Villegas - Derecho Administrativo, Buenos Aires, Tip. Edit. Argentina, 1949.

BEVILÁQUA, Clóvis - Código Civil dos Estados Unidos do Brasil Comentado, Rio, Livr. Francisco Alves, vol. I, 1940.

BIELSA, Rafael - Compendio de derecho Publico, Buenos Aires, Ediciones Depalma, 1952.

BRUNO, Aníbal - Direito Penal, Rio, Ed. Forense, Parte I, tomo 2º, 1959.

CALMON DE PASSOS, J.J. - O devido processo e o duplo grau de jurisdição - artigo publicado na Revista Forense 277/1.

CASTELO BRANCO, Elcir - verbete "Legislar" inserto na Enciclopédia Saraiva de Direito, 401.48.
CAETANO, Marcelo - Princípios Fundamentais do Direito Administrativo, Rio, Ed. Forense, 1977.
CAVALCANTI, Temístocles Brandão - Tratado de Direito Administrativo, Livr. Freitas Bastos, 1955.
___ - Do controle da constitucionalidade, Rio, Ed. Forense, 1966.
CINTRA, Antonio Carlos Araújo - Motivo e motivação do ato administrativo, São Paulo, Ed. Revista dos Tribunais, 1979.
CINTRA, DINAMARCO e GRINOVER - Teoria Geral do Processo, São Paulo, Ed. Revista dos Tribunais, 1976.
CIRNE LIMA, Ruy - Princípios de Direito Administrativo, São Paulo, Ed. Revista dos Tribunais, 1964.
CESARINO JUNIOR, Antonio - Direito Social Brasileiro, São Paulo, 1957.
CRETELLA JUNIOR, José - Tratado de Direito Administrativo, Rio, E. Forense, 1972, vols. I, II e X.
___ Manual de Direito Administrativo, Rio, Ed. Forense, 1989.
___ Curso de Direito Administrativo, Rio, Ed. Forense, 1989.
___ Controle Jurisdicional do Ato Administrativo, Rio, Forense, 1984.
___ Direito Administrativo Comparado, Rio, Ed. Forense, 1990.
___ Empresa Pública, São Paulo, Editora da USP, 1973.
___ Anulação do Ato Administrativo por Desvio de Poder, Rio, Ed. Forense, 1978.
___ Comentários à Constituição de 1988, Rio, Ed. Forense, Universitária, 1990, vol. IX.
COSSIO, Carlos - El Derecho en el Derecho Judicial, Buenos Aires, Editorial Guillermo Kraft Ltda., 1945.
COUTURE, Eduardo - Fundamentos del Derecho Procesal Civil, 3ª ed.
D'ALESSIO, Francesco - Istituzioni di diritto amministrativo, Torino, UTET, 1949.
DALLARI, Dalmo de Abreu - Elementos de Teoria Geral do Estado, Ed. Saraiva.
DAVID, René - Os grandes sistemas do Direito Contemporâneo, trad. Hermínio A. de Carvalho, Lisboa, ed. Meridiano, 1972.
DEBBASCHE, Charles - Contentieux Administratif, Paris, Dalloz, 1981.
DIEZ, Manuel Maria - El acto administrativo, Buenos Aires, Tipografia Editora Argentina, 1956.

DINAMARCO, Cândido - A instrumentalidade do processo, São Paulo, Ed. Revista dos Tribunais, 1987.
___ Fundamentos do Processo Civil Moderno, São Paulo, ed. Revista dos Tribunais, 1986.
___ Direito Processual Civil, São Paulo, José Bushatsky Editora, 1975.
FERREIRA FILHO, Manoel Gonçalves - Curso de Direito Constitucional, ed. Saraiva, 1975.
___ Verbete sobre Poder Legislativo, na Enciclopédia Saraiva de Direito, vol. 59/137.
FRANCO SOBRINHO, Manoel Oliveira - Introdução ao Direito Processual Administrativo, São Paulo, ed. Revista dos Tribunais, 1971.
___ Da competência Administrativa, São Paulo, ed. Resenha Universitária, 1977.
___ Comentários à Reforma Administrativa Federal, São Paulo, ed. Saraiva, 1983.
GIANNINI, Massimo Severo - Lezioni di Diritto Amministrativo, Milano, Giuffré, 1950.
GILMORE, Grant - As eras do Direito Americano, Rio de Janeiro, Ed. Forense Universitária, 1978.
GORDILLO, Agustin - Princípios Gerais de Direito Público, São Paulo, Ed. Revista dos Tribunais, 1977.
LAUBADÈRE, André de - Traité élémentaire de droit administratif, Paris, Libraire General de droit et jurisprudence, 1963.
LIEBMAN, Enrico Tulio - Manuale di diritto processuale civile, Ed. Giuffré, Milano, 1957.
LIMONGI FRANÇA, R. - Verbete Jurisprudência, na Enciclopédia Saraiva de Direito, vol. 47.
MARQUES, José Frederico - Manual de Direito Processual Civil, Ed. Saraiva, São Paulo, 1975.
___ Instituições de Direito Processual Civil, Rio de Janeiro, Forense, vol. I, 1958.
MEDAUAR, Odete - Artigo sobre Delegação Administrativa, publicado na Revista Forense nº 278.
MEIRELLES, Hely Lopes - Direito Administrativo Brasileiro, São Paulo, Ed. Revista dos Tribunais, 1981.
MERKL, Adolfo - Teria General del Derecho Administrativo, Madrid, Editorial Revista de Derecho Privado, 1935.

MASAGÃO, Mário - Curso de Direito Administrativo, São Paulo, Ed. Revista dos Tribunais, 1974.

MENDES DE ALMEIDA, Fernando Henrique - Os atos administrativos na teoria dos atos jurídicos, São Paulo, Ed. Revista dos Tribunais, 1969.

MOREIRA NETO, Diogo de Figueiredo - Curso de Direito Administrativo, Rio de Janeiro, Ed. Forense, 1989.

NEVES, Celso - Anotações ao Curso de Pós-Graduação da Faculdade de Direito da USP no período de 1984 a 1986, sobre processo, procedimento, ação e jurisdição.

ODA, Yorodzu - Principes de Droit Administratif du Japon, Paris, Recueil Sirey, 1928.

OLIVEIRA, Régis Fernandes de - Delegação Administrativa, São Paulo, Ed. Revista dos Tribunais, 1986.

PIETRO, Maria Sylvia Zanela di - Discricionariedade Administrativa na Constituição de 1988, São Paulo, Ed. Atlas, 1991.

REALE, Miguel - Filosofia do Direito, São Paulo, Ed. Saraiva, 1990.

___ Direito Administrativo (Estudos e Pareceres), Rio de Janeiro, Ed. Forense, 1969.

___ Revogação e Anulamento do Ato Administrativo, Rio de Janeiro, Ed. Forense, 1980.

___ Verbete sobre Doutrina e Jurisprudência na Enciclopédia Saraiva de Direito, vol. 47.

RIVERO, Jean - Curso de Direito Administrativo Comparado, trad. de J. Cretella Jr., São Paulo, 1995; Ed. da RT.

___ Droit Administratif, Paris, Dalloz, 1970.

SÁ FILHO - Relações entre os Poderes do estado, Ed. Borsoi, 1959.

SCANTIMBURGO, Júlio - Elementos de Direito Administrativo, São Paulo, Max Limonad Ed.

SEABRA FAGUNDES, Miguel - O controle dos atos administrativos pelo Poder Judiciário, São Paulo, Ed. Saraiva, 1984.

TÁCITO, Caio - Direito Administrativo, São Paulo, Ed. Saraiva, 1975.

___ Desvio de Poder em Matéria Administrativa, Rio de Janeiro, tese de livre docência, 1951.

THEODORO Jr., Humberto - Processo Cautelar, São Paulo, Ed. Universitária de Direito, 1976.

TUCCI, Rogério Lauria - Verbete "Sentença", na Enciclopédia Saraiva de Direito, vol. 68.

VEDEL, Georges - Droit Administratif, Paris, PUF, 12ª ed., 1995, dois tomos.

VILHENA, Paulo Emílio Ribeiro - Direito Público e Direito Privado sob o prisma das relações jurídicas, São Paulo, Ed. Saraiva, 1972.

ZANOBINI, Guido - Corso di diritto amministrativo, Milano, D.A. Giuffré Ed., vol. I, 1950.

ANEXOS

DIÁRIO OFICIAL
ESTADO DE SÃO PAULO

V. 101   nº 18   São Paulo   Terça-feira, 29 de janeiro de 1991.

PODER EXECUTIVO

LEIS

VETO AO PROJETO DE LEI Nº 211/88

São Paulo, 28 de janeiro de 1991
A-nº 7/91
Senhor Presidente

Tenho a honra de levar ao conhecimento de Vossa Excelência para os devidos fins, que, nos termos do artigo 28, § 1º, combinado com o artigo 47, inciso IV da Constituição do Estado, resolvo vetar, totalmente, o Projeto de lei nº 211, de 1988, aprovado por essa nobre Assembléia, conforme Autógrafo nº 20.544, por mim recebido, pelas razões que passo a expor.

A propositura tem por objetivo acrescentar parágrafo único ao artigo 10 da Lei nº 1.817, de 17 de outubro de 1978, dispondo que os estabelecimentos industriais classificados na categoria ID, a que se refere o inciso III daquele artigo, poderão, em caráter excepcional, ser instalados independentemente dos respectivos portes desde que sejam permitidos pela legislação de Uso do Solo Municipal e tenham parecer técnico favorável do órgão metropolitano.

Conforme o exposto na justificativa do projeto, a medida visa a permitir a implantação, nas Zonas de Uso Diversificado, de estabelecimentos industriais de porte médio ou grande, aumentando, desse modo, a oferta de novos empregos à população.

Em que pesem, todavia, os elogiáveis propósitos que inspiraram o legislador paulista, em seu intento de estimular o desenvolvimento social e econômico da Região Metropolitana, vejo-me forçado a impugnar a iniciativa, pois razões de ordem técnica, oferecidas pelos órgãos competentes depois de cuidadosa análise da materia, vieram demonstrar, de forma cabal, a inconveniência da medida consubstanciada na proposição.

De fato. Conforme salientou a Secretaria da Habitação e Desenvolvimento Urbano, quando da elaboração da Lei nº 1.817, de 1978, os estabelecimentos industriais foram classificados, segundo seu tipo de atividade e porte em cinco categorias (IN, IA, IB, IC e ID), por ordem decrescente de restrição. E isso foi feito com respaldo em criteriosos estudos técnicos – que embasaram o diploma legal em questão – destinados a avaliar os aspectos ambientais, os relativos à infra-estrutura urbana e a econômia regional, entre outros.

Nessa linha, cabe destacar que, segundo observaram os órgãos técnicos, as indústrias com área construida de até 2.000 m2 foram enquadradas na categoria ID, menos restritiva, levando-se em conta os impactos que suas atividades acarretam sobre o tecido urbano, decorrentes, por exemplo, da movimentação de carga e descarga, estocagem, número de empregados, meios de transporte, etc.

Ora, de acordo com a disciplina legal contida na citada Lei nº 1.817/78, as indústrias classificadas na categoria ID, exatamente por se enquadrarem em categoria menos restritiva, podem se instalar nas denominadas Zonas de Uso Diversificado – ZUD, onde irão conviver com outros usos, inclusive o residencial. Bem por isso, as Zonas de Uso Diversificado são aquelas destinadas à localização de estabelecimentos industriais compatíveis com as atividades do meio urbano em que situem e cujo processo produtivo não traga inconve-

179

nientes a saúde, ao bem-estar e à segurança das populações vizinhas.

Pois se vê que o porte é fundamental para o enquadramento das indústrias nessa categoria menos restritiva, e, principalmente, para viabilizar sua implantação nas Zonas de Uso Diversificado, uma vez que, como é obvio, quanto maior o estabelecimento, maior o grau de incomodidade do impacto industrial no meio urbano e ambiental, provocado pela intensificação do movimento de pessoal e tráfego e dos níveis de ruído, entre outros efeitos adversos.

Significa isso dizer que o porte dessas indústrias não pode de forma alguma ser liberado, nem mesmo em caráter excepcional, posto que uma tal medida traria sérios inconvenientes ao interesse público, ao possibilitar a instalação, nas Zonas de Uso Diversificado, de estabelecimentos industriais de porte incompatível com a infra-estrutura desse meio urbano, com inobservância de uma das diretrizes básicas para o desenvolvimento industrial metropolitano, qual seja, a de compatibilizar esse desenvolvimento com a melhoria das condições de vida da população e com a preservação do meio ambiente.

É preciso observar, além disso, que a Lei nº 1.817/78 consagra, como não poderia deixar de ser, em sistema harmônico, todo um conjunto integrado de normas destinadas a estabelecer os objetivos e as diretrizes para o desenvolvimento industrial metropolitano e a disciplinar o zoneamento industrial na Região Metropolitana.

E o fato é que o exame atento desse conjunto de normas revela que a medida, como concebida, fere a integridade e a unidade do sistema de zoneamento, ao dispor de forma fragmentária, sobre o porte a localização das indústrias "ID", mediante o simples acréscimo de um parágrafo ao artigo 10, quando é certo que a matéria está minuciosamente disciplinada em várias partes do diploma legal em causa, não podendo, em conseqüência, ser tratada isoladamente, sob pena de colocar-se em desarmonia com outros dispositivos, como, por exemplo, o artigo 30, entre outros. Demais disso, a alteração proposta acarretaria, como salientado pelos órgãos técnicos competentes, a necessidade de revisão do enquadramento das demais espécies de estabelecimentos, quanto ao porte, em especial daqueles classificados nas categorias ICX e IB, com reflexos diretos no controle da poluição ambiental.

Nessa perspectiva, aliás, cabe registrar que a revisão da legislação estadual sobre zoneamento industrial deve ser feita de forma global, segundo critérios gerais que considerem a localização e a disponibilidade atual das áreas industriais na Grande São Paulo, além de outros parâmetros como as repercussões sobre o crescimento urbano e a infra-estrutura disponível, desaconselhadas quaisquer modificações isoladas que possam comprometer a unidade da execução dos serviços comuns de interesse metropolitano, consoante observou a Secretaria da Habitação e Desenvolvimento Urbano, ao examinar o assunto.

Por fim, não posso deixar de assinalar que o projeto, sem embargo do cuidado com que foi elaborado, a par de conter impropriedades de natureza terminológica, não distribui convenientemente o assunto no corpo da lei, dificultando a imediata compreensão da medida que se pretende implantar (basta dizer a regra geral de localização dos estabelecimentos industriais – que a propositura intenta excepcionar – não está contida no artigo 10, mas sim no artigo 19 da Lei nº 1.817/79, tratando o artigo 10 apenas da classificação desses estabelecimentos.

De todo o exposto, verifica-se que a propositura, nos termos em que foi concebida, mostra-se contrária ao interesse público, sob vários aspectos, tornando imperativo o veto que ora oponho à medida.

Expostos, desse modo, os fundamentos do veto total ao Projeto da lei nº 211, de 1988, e fazendo-os publicar nos termos do artigo 28, § 3º da Constituição Estadual, restituo o assunto ao exame dessa ilustre Assembléia.

Reitero a Vossa Excelência os protestos de minha alta consideração.

ORÉSTES QUÉRCIA. Governador do Estado.

A Sua Excelência o Senhor Deputado Tonico Ramos, Presidente da Assembléia Legislativa do Estado.

VETO TOTAL AO PROJETO DE LEI Nº 245/88

São Paulo, 24 de janeiro de 1991.
A-nº 6/91
Senhor Presidente

Tenho a honra de levar ao conhecimento de Vossa Excelência, para os devidos fins, que nos termos do artigo 28, § 1º, combinado com o artigos 47, Inciso IV, da Constituição do Estado, resolvo vetar, totalmente, o Projeto de lei nº 245, de 1988, aprovado por essa nobre Assembléia conforme Autógrafo nº 20.545, por considerá-lo inconstitucional e contrário ao interesse público.

Dispõe a propositura sobre a autorização para descontos em folhas de pagamento de funcionários públicos estaduais e providências correlatas.

Não obstante os propósitos da medida, no sentido de aprimorar o sistema de tais descontos, não se torna possível dar-lhe meu assentimento.

Cabe assinalar, desde logo, que a matéria se inscreve, por sua natureza, entre os atos de pura administração, privativos do Chefe do Executivo, conforme o preceituado no artigo 47, inciso XIV, da Constituição do Estrado, e é, por conseguinte, insuscetível de iniciativa parlamentar.

Mas, ainda que não estivesse maculada pelo vício da inconstitucionalidade, a propositura não poderia ser por mim acolhida.

Na verdade, além de não ser recomendável que matéria dessa índole seja objeto de norma legislativa - ainda mais, de forma fragmentária - o assunto já está convenientemente disciplinado no Decreto nº 25.253, de 1º de maio de 1986, valendo lembrar, em face da norma contida no artigo 1º da proposição, que a Secretaria da Fazenda é o órgão competente para conceder autorizações da espécie, segundo aquele diploma.

Como é bem de ver, cuidando-se, no caso, de atos típicos de administração, indispensável conte o Executivo com flexibilidade capaz de conduzir satisfatoriamente essa sistemática, à luz de avaliações e critérios próprios, passíveis de pronta atualização, sempre que necessário.

Por outro lado, não se justificaria ampliar-se elenco das entidades consignatárias, como pretende o projeto.

No regime do Decreto no 25.253/86, somente podem ser descontadas, em folhas, as parcelas destinadas ao cumprimento de obrigações assumidas com órgãos do Poder Público estadual, federal e municipal, bem como com entidades de classe constituídas de servidores públicos estaduais.

Assim estabelecendo, frise-se, o diploma deixou de prever a possibilidade de que outras entidades de classe viessem a figurar como consignatárias, embora ressalvando os convênios firmados anteriormente a seu advento. E isso, naturalmente, porque a experiência nesse sentido não provou bem, trazendo inúmeros inconvenientes à Administração.

Oportuno lembrar, ainda, que não existe entidade particular que tenha sido acolhida na qualidade de consignatária.

A Companhia Federal de Seguros S/A, citada como tal na justificatica que acompanhou a propositura, não é empresa privada, pois de seu capital participam somente empresas vinculadas à União, sendo certo que todas elas detêm ações nominativas com direito a voto.

Em suma, inocorre a falha que o projeto objetiva assinar, assim como não há razão para que se estenda a outras entidades a possibilidade de verem consignadas em folha parcelas que lhes forem devidas por servidores estaduais.

Expostos, dessa forma, os motivos que fundamentam o veto total que oponho ao Projeto de Lei no 245, de 1988, e fazendo-os publicar nos termos do artigo f28, § 5º da Constituição Estadual, devolvo o assunto a essa ilustre Assembléia para reexame.

Reitero a Vossa Excelência os protestos de minha alta consideração.

ORESTES QUÉRCIA - Governador do Estado

A Sua Excelência o Senhor Deputado Tonico Ramos, Presidente da Assembléia Legislativa do Estado.

VETO TOTAL AO PROJETO Nº 607/89

São Paulo, 28 de janeiro de 1991.
A-nº 8/91
Senhor Presidente

Tenho a honra de levar ao conhecimento de Vossa Excelência, para os devidos fins, que, usando da faculdade a mim conferida pelo artigo 28, § 1º, combinado com o artigo 47, IV, da Constituição do Estado, resolvo vetar, totalmente, o Projeto de lei no 607, de 1989, aprovado por essa egrégia Assembléia, conforme Autógrafo no 20.558, pelas razões que passo a expor.

Determina a propositura que, em todos os locais que receberem nomes de pessoas, será obrigatória a afixação da biografia do homenageado, em lugar visível e de fácil acesso.

Não obstante os nobres intuitos que orientaram a proposta, no sentido de aperfeiçoar as homenagens prestadas sob a forma de atribuição de denominações a locais públicos, fornecendo à comunidade informações biográficas sobre os titulados com o preito, vejo-me compelido a negar assentimento à medida.

É que, nos termos em que formulada, ao conferir caráter de compulsoriedade à afixação da biografia do homenageado no local, em lugar visível e de fácil acesso, a providência se revela, em muitos casos, inviável, haja vista a hipótese, bastante freqüente, de denominações de rodovias. Em tal situação, não há, normalmente, local apropriado para que o usuário possa estacionar o veículo e ler qualquer mensagem mais demorada: por outro lado, a colocação eventual das informações junto às placas poderia importar em vulneração das normas de segurança, pois os acostamentos só devem ser utilizados em casos de emergência. Em outras hipóteses, dado o elevado número de nomes atribuídos a repartições, ou setores delas, poderá o encargo configurar mera superfetação, quando não se trate de figura cuja notoriedade justifique a divulgação dos dados biográficos.

Tudo indica, portanto, que providências da espécie só deveriam ser preconizadas de forma facultativa, a critério da Administração, que se incumba de - nos casos mais relevantes e nas situações recomendáveis - dar difusão à biografia da personalidade homenageada, para conhecimento de todos.

Entendo, pois, contra-indicada a medida consubstanciada no projeto, que se revela, em tais termos, contrária ao interesse público, além de importar em acréscimo, ainda que presumivelmente não ponderável, da despesa pública, circunstância que demandaria, ademais, a indicação dos recursos disponíveis, próprios para atender aos novos encargos, conforme a determinação constante do artigo 25 da Constituição do Estado, aliás não atendida pela propositura.

Expostos, assim, os motivos que me induzem a impugnar a propositura e fazendo publicar o veto no Diário Oficial, em cumprimento ao disposto no § 3º do artigo 28 da Constituição do Estado, restituo a matéria ao exame dessa ilustre Assembléia.

Reitero a Vossa Excelência os protestos de minha alta consideração.

ORESTES QUÉRCIA - Governador do Estado.

A Sua Excelência o Senhor Deputado Tonico Ramos, Presidente da Assembléia Legislativa do Estado.

LEI MUNICIPAL - Projeto - Rejeição pelas comissões - Remessa ao plenário - Inadmissibilidade - Inteligência e aplicação do art. 28 da Lei Orgânica dos Municípios do Estado.

O projeto de lei que receber parecer contrário, quanto ao mérito, de todas as comissões será tido como rejeitado.

N. 30.707-1 (Reexame) - Capital - Recorrente: Juízo de Direito - Apelante: Presidente da Câmara Municipal de São Paulo - Apelados: Benedito Cintra e outro.

ACÓRDÃO - Vistos, relatados e discutidos estes autos de apelação cível 30.707-1, da comarca de São Paulo, em que é recorrente o Juízo ex officio, sendo apelante o Sr. Presidente da Câmara Municipal de São Paulo e apelados Benedito Cintra e Francisco Martin Gimenez: Acordam, em 6ª Câmara Civil do Tribunal de Justiça do Estado de São Paulo, por votação unânime, negar provimento aos recursos.

Trata-se de mandado de segurança impetrado por dois vereadores da Câmara Municipal de São Paulo contra ato do Presidente, que remeteu ao plenário, para votação, o projeto de lei 133/82, embora tal propositura tenha sido rejeitada pelo parecer contrário de todas as comissões de mérito. Os impetrantes alegam, em resumo, que o ato da autoridade impetrada violou o art. 29 da Lei Orgânica dos Municípios.

A sentença de primeira instância, cujo relatório é adotado, depois de repelir as preliminares suscitadas nas informações, concedeu a segurança, com a conseqüente interposição do recurso de ofício, seguido da apelação voluntária do impetrado.

De acordo com as alegações do apelante, aqui resumidas, o ato impugnado não teria desrespeitado o art. 28 da Lei Orgânica dos Municípios, pois, ao contrário do que sustentam os impetrantes, não houve parecer desfavorável de todas as comissões de mérito. Isto porque a Comissão de Justiça e Redação deixou de se manifestar, o mesmo ocorrendo com as demais comissões técnicas, especialmente a Comissão de Cultura, Bem-Estar Social e Turismo. Pondera também o apelante que três vereadores da Comissão de Cultura se manifestaram em plenário favoravelmente ao projeto. Por fim, o apelante considera inexistente o parecer conjunto das Comissões de Finanças e Orçamento e de Assuntos Ligados ao Servidor Público, em face da irregularidade de sua forma.

A manifestação do Dr. Procurador da Justiça é pela confirmação do julgado. É o relatório.

Deve ser confirmada, por seus próprios fundamentos, a bem lançada sentença de primeiro grau.

As preliminares foram corretamente repelidas. A impetração não pode ser considerada sem objeto ou intempestiva pelo simples fato de ter sido considerado aprovado o projeto de lei, por decurso de prazo. Isto porque, de acordo com o que sustentam os impetrantes, o projeto não poderia ter sido remetido ao plenário e, conseqüentemente, não poderia ter sido aprovado por decurso de prazo, porque previamente rejeitado pelo parecer contrário de todas as comissões de mérito. Tal preliminar, como se vê, contém uma petição de princípio, pois se apóia no pressuposto, negado pelos impetrantes, de ter sido aprovado o projeto. Em outras palavras, a preliminar pressupõe verdadeiro aquilo que é controvertido e que constitui a matéria de fundo da impetração.

Também não procede a alegação de ilegitimidade dos impetrantes, pois qualquer vereador, individualmente, tem interesse em defender as prerrogativas de seu mandato. O que os impetrantes pretendem não é atacar a lei em tese, ou os efeitos dela resultantes, mas o ato que, segundo alegam, teria desrespeitado a vontade parlamentar de repúdio ao projeto. Se isso realmente ocorreu e se a vontade da maioria deixou de ser acatada, através de um artifício violador do procedimento legislativo, o ato poderá ser impugnado por qualquer vereador que tenha tido seu voto injustamente desconsiderado.

Quanto no mérito, também não podem ser acolhidas as alegações do apelante.

Na verdade, o projeto de lei foi rejeitado por força do disposto no art. 28 da Lei Orgânica dos Municípios, que está em perfeita consonância com o § 2º do art. 58 da CP. De acordo com tal dispositivo, "o projeto de lei que receber parecer contrário, quanto ao mérito, de todas as comissões será tido como rejeitado".

Está claro que tal dispositivo se refere a todas as comissões que, de acordo com o regimento, devam ser ouvidas sobre a matéria, sem que haja necessidade de manifestação de todas as comissões permanentes criadas pelo Regimento.

No caso da Câmara Municipal de São Paulo, o Regimento Interno define a competência específica, em razão da matéria, de cada uma das várias comissões permanentes (art. 50, I - VIII, do Regimento). Cada projeto de lei, por conseguinte, só será submetido ao exame das comissões especificamente competentes.

Em face disso, se a aplicação do art. 23 da Lei Orgânica dos Municípios dependesse da manifestação contrária de todas as comissões, inclusive das incompetentes para a matéria, o dispositivo legal seria inútil, pois a hipótese jamais ocorreria.

Comentando o § 2º do art. 58 da CF, Manoel Gonçalves Ferreira Filho se refere às comissões "interessadas na matéria" e ao parecer contrário de todas as comissões a que o projeto tenha sido remetido (Comentários à Constituição Brasileira, 2ª ed., Saraiva, 1977, vol. 2º/53).

Por sua vez, comentando o § 2º do art. 61 da CF de 1967, de idêntica redação, Pontes de Miranda esclarece que a regra jurídica "dá como rejeitado o projeto que teve parecer contrário de todas as comissões a que deveria ir" (Comentários à Constituição de 1967, Ed. Revista dos Tribunais, 1967, t. III/172).

Daí a conclusão no sentido de que, no caso em questão, o projeto de lei foi rejeitado, em face do parecer contrário da Comissão de Assuntos Ligados ao Servidor Público e da Comissão de Finanças e Orçamento, únicas competentes para o exame do mérito da proposição.

Pouco importa que a Comissão de Justiça e Redação não tenha emitido seu parecer. De acordo com o art. 56, I, "a", do Regimento Interno, compete à Comissão de Justiça opinar tão-somente sobre o aspecto constitucional, legal e regimental das proposições. Não lhe cabe emitir parecer político sobre a conveniência e a oportunidade do projeto de lei. Como bem ponderou o Dr. Procurador da Justiça, "quando a Constituição Federal, no art. 28, § 2º, reproduzido pelo art. 28 da Lei Orgânica dos Municípios, se refere a parecer contrário de mérito, quer significar uma apreciação política, uma fundamentação de inconveniência e/ou inoportunidade, em enfoque subjetivo, à semelhança do veto político por contrariedade ao interesse público, diverso do veto por inconstitucionalidade, que se assenta em fundamento estritamente jurídico" (fls.)

De outro lado, não parece razoável que a Comissão de Cultura, Bem-Estar Social e Turismo devesse ser ouvida a respeito do projeto, que não cuidava da matéria de educação e ensino, mas de reestruturação do quadro do pessoal do magistério municipal.

Ademais, como salientou o judicioso parecer do Dr. Procurador da Justiça, "foi o próprio impetrado quem deixou de fora a Comissão de Cultura, ao despachar o projeto, ordenando a oitiva das Comissões de Justiça, do Servidor Público e de Finanças, únicas que considerou competentes para dar parecer (fls.). E, se laborou em erro, não poderia levar o projeto a plenário sem antes converter o procedimento em diligência, para colher a opinião das comissões sobre o mérito das matérias específicas de sua competência opinativa" (fls.).

Em resumo, as manifestação da Comissão de Cultura era necessária, sua opinião deveria ter sido acolhida na forma e na oportunidade adequadas. Impossível, no caso concreto, a manifestação em plenário da referida comissão, nos termos do art. 28 da Lei Orgânica dos Municípios, pois, em face da manifestação contrária das comissões anteriormente ouvidas, o projeto não podia ser encaminhado ao plenário. De outro lado, se dispensável o julgamento prévio da Comissão de Cultura, conforme pareceu ao próprio impetrado, o projeto ficou desde logo rejeitado, pelo repúdio das demais comissões competentes.

Finalmente, alega a digna Autoridade impetrada que seria nulo o parecer conjunto das Comissões de Finanças e Orçamento e de Assuntos Ligados ao Servidor Público, em razão de sua forma irregular. Isto porque o relator se limitou a transcrever seu voto, em forma de parecer favorável, embora todos os demais membros das comissões tenham emitido voto contrário (v. doc. de fls.).

A argumentação, evidentemente, não pode ser aceita, pois o documento de fls. demonstra que a propositura foi rejeitada pelo voto de cinco vereadores, contra o voto isolado do relator. Fazer prevalecer o único voto dissidente, ou simplesmente negar validade a todos os demais votos vencedores, somente porque o relator redigiu o parecer em desacordo com a opinião da maioria, é solução arbitrária, que não pode ser amparada pelo Direito.

Aliás, a digna Autoridade impetrada incorre em flagrante contradição quando pretende desprezar, por vício de forma, o parecer contrário das comissões conjuntas, apesar da evidência do resultado da votação, e, ao mesmo tempo, sustentar uma suposta manifestação favorável da Comissão de Cultura, com base em meras declarações isoladas e não formalizadas de alguns vereadores.

De acordo com o ensinamento de Manoel Gonçalves Ferreira Filho, a regra do § 2º do art. 58 da CF tem por objetivo a economia de tempo (Comentários à Constituição Brasileira, 2ª ed., Saraiva, 1977, vol. 2o/53). Tratando-se de projeto de lei, com prazo fixado pelo Executivo, a economia de tempo assume grande importância, pois permite ao Legislativo o exercício de seu poder político de rejeitar o projeto em tempo oportuno. A remessa do projeto ao plenário, apesar de definitivamente rejeitado pelas comissões de mérito competentes, constitui expediente contrário à finalidade da norma constitucional, pois acarreta um indevido retardamento, possibilitando a aprovação da lei por decurso de prazo, em desacordo com a vontade contrária do Legislativo, oportunamente manifestada.

Por tudo quanto foi exposto, deve ser confirmada a sentença que concedeu a ordem.

O julgamento foi presidido pelo Des. Macedo Costa e dele também participou o Des. Gonçalves Santana, ambos com votos vencedores, São Paulo, 10 de março de 1983 - MACEDO BITTENCOURT, relator.

SENTENÇA - Os vereadores à Câmara Municipal de São Paulo Benedito Cintra e Francisco Martin Gimenez, qualificados nos autos, impetram mandado de segurança contra ato do Sr. Presidente da Câmara Municipal de São Paulo, aduzindo que o Sr. Chefe do Executivo municipal encaminhou à Câmara Municipal, em regime de urgência, nos termos do art. 26, § 1º, da Lei Orgânica dos Municípios do Estado de São Paulo, um projeto de lei dispondo sobre alterações no quadro do ensino municipal e outras providências, o qual tomou o n. 131/82, e que os impetrantes, no uso de suas prerrogativas legislativas, bateram-se pela rejeição do referido projeto na forma como foi proposto, com desdobramento da proposição apresentada.

Esclarecem os impetrantes que o projeto de lei tramitou preliminarmente pela Comissão de Justiça e Redação da Câmara, tendo decorrido o prazo para seu exame sem que a mesma tivesse emitido parecer próprio, e que, posteriormente, em prosseguimento aos trâmites legais do processo legislativo, as Comissões de Assuntos Ligados ao Servidor Público e de Finanças e Orçamento emitiram parecer conjunto de n. 259/82, e por cinco votos a um decidiram contrariamente ao projeto de lei.

Entretanto, asseveram os impetrantes, a autoridade coatora, em detrimento do que dispõe o art. 28 da Lei Orgânica dos Municípios, que prescreve estar rejeitado projeto de lei que não tiver o parecer favorável de todas as comissões de mérito, ao invés de arquivar a propositura, colocou-a na ordem do dia das sessões da Câmara Municipal de São Paulo dos dias 15, 16 e 17 de junho p. p., sendo que só no dia 21 de junho p. p., é que se esgotaria o prazo fixado pelo Sr. Prefeito Municipal para votação do projeto de lei em questão.

Aduzem os impetrantes que a autoridade impetrada, objetivando a aprovação da iniciativa do Executivo por decurso de prazo, considerou inexistente o parecer conjunto das comissões de mérito, remetendo-o ao plenário para votação, sabedor de que não havia quorum suficiente para tal.

Sustentam os impetrantes que a autoridade impetrada, ao justificar o ato de remessa do projeto de lei ao plenário, fez baseando-se no voto favorável do Sr. Relator das comissões conjuntas e que, por imprecisão terminológica, expressara-se como sendo seu parecer. A embasar seu entendimento os impetrantes fazem a demonstração de vários excertos do Regimento Interno da Câmara Municipal de São Paulo onde se mostra a distinção entre voto e parecer.

Apontando o ato da autoridade impetrada, consistente na inobservância do preceituado no art. 28 da Lei Orgânica dos Munícipios, os impetrantes pleiteiam a concessão do writ para que seja decretada a nulidade do ato do Sr. Presidente da Câmara Municipal de São Paulo que desconsiderou o parecer das comissões de mérito da Edilidade, bem como todos os atos subseqüentes à ilegalidade cometida pela autoridade impetrada e que dela se originaram.

Pleiteando a concessão de medida liminar, instruíram a impetração com os documentos de fls.

A medida liminar foi concedida inauguralmente.

A autoridade impetrada apresentou suas informações, a fls., instruindo-as com os documentos de fls.

Em suas informações, a autoridade impetrada argúi preliminar de não conhecimento da impetração, por falta de objeto, de vez que o ajuizamento da presente ação se deu em data posterior ao período de decurso do prazo para a apreciação do indigitado projeto de lei, sendo, portanto, intempestiva. Argúi, mais, preliminar de ilegitimidade de parte dos impetrantes, posto que não representam os autores comissões de mérito da Edilidade paulistana, aduzindo que o indigitado ato não representa cerceamento à atividade legislativa dos impetrantes, vereadores que são.

No mérito, sustenta a legalidade do ato praticado, de vez que o indigitado projeto de lei não mereceu parecer contrário das comissões de mérito, especialmente da Comissão de Cultura, Bem-Estar Social e Turismo, que, também, está vinculada à matéria objeto do projeto de lei, não se podendo alegar tenha sido o art. 28 da Lei Orgânica dos Municípios violado. Além disto, entende a autoridade impetrada que o parecer conjunto da Comissão de Finanças e Orçamento e da Comissão de Assuntos Ligados ao Servidor Público foi elaborado de modo incorreto, sem a observância de formalidades essenciais para sua validade como parecer técnico, circunstância, esta, que motivou a desconsideração do aludido parecer.

O Dr. Curador Judicial de Mandado de Segurança requereu a juntada aos autos do Regimento Interno da Câmara Municipal de São Paulo.

Concedeu-se prazo para que os impetrantes trouxessem aos autos o Regimento Interno solicitado pelo Ministério Público, tendo o mesmo sido apresentado.

O Dr. Curador Judicial de Mandado de Segurança emitiu seu parecer, a fls., opinando no sentido da rejeição das preliminares sustentadas pela autoridade impetrada e, no mérito, propugnando pela denegação da ordem.

A fls., a autoridade impetrada requereu o desentranhamento de intempestiva manifestação dos impetrantes, ao ensejo da apresentação do Regimento Interno da Câmara Municipal de São Paulo, tendo o requerimento sido deferido pelo Juízo.

É o relatório. Decido.

Cinge-se a quaestio da presente impetração à declaração de nulidade de ato pertinente ao processo legislativo que apreciou projeto de lei encaminhado pelo Executivo municipal, com recomendação de urgência, a final aprovado por decurso de prazo.

Insurgem-se os impetrantes contra ato do impetrado que, infringindo o art. 28 da Lei Orgânica dos Municípios, remeteu, ao plenário da Edilidade o indigitado projeto de lei, circunstância, esta, que entendem eivar de nulidade os demais atos subseqüentes.

O impetrado, argüindo preliminares de intempestividade da impetração e de ilegitimidade ativa de parte, sustenta, no mérito, a legalidade do ato praticado.

Posta assim, sucintamente, a lide, passa-se ao exame da matéria preliminar argüida pela autoridade apontada como coatora.

Conquanto a impetração tenha sido ajuizada em data posterior à da aprovação do projeto de lei, por decurso de prazo, não há falar-se em intempestividade por falta de objeto, "quando já definitivamente consumados todos os atos pertinentes à tramitação legal e regimental do projeto enfocado" (sic - fls.), porquanto o writ objetiva o controle jurisdicional de ato integrante do processo legislativo, e não, propriamente, da lei, em tese.

Como acentuado pelo zeloso e culto Dr. Curador Judicial de Mandado de Segurança, o fulcro da impetração, qual seja, o reconhecimento ou não da rejeição do projeto por todas as comissões de mérito, com fundamento no art. 28 do Dec.-lei Complementar 9/69, configura questão prejudicial à edição válida e eficaz da lei e que pressupõe a observância, para a sua perfeição, tanto dos requisitos formais subjetivos quanto dos aspectos objetivos, consubstanciados na forma, prazo e no rito procedimental respectivo.

Esta preliminar, portanto, funde-me com a própria matéria de fundo e, portanto, não é de ser acolhida como tal.

Com referência à segunda preliminar, a mesma também é de ser rejeitada.

Com efeito. Os Impetrantes são vereadores à Câmara Municipal de São Paulo e, portanto, têm legitimidade para a propositura da impetração, vez que se questiona a legalidade do processo legislativo desenvolvido para a apreciação de projeto de lei a final convertido em lei.

Negar-se a legitimidade para a propositura da impetração ao vereador contra ato praticado pela E. Presidência da Câmara Municipal seria o mesmo que suprimir prerrogativa inerente no desempenho de seu cargo e função, qual seja, sua representatividade popular. Inegável que o trabalho de elaboração legislativa há de se conformar aos ditames da legalidade e sua aferição, no que tange à estreita obediência aos parâmetros normativos, é de ser deferida ao vereador.

Afastada a matéria preliminar, passa-se ao exame da questão de fundo.

Ao receber o projeto de lei de iniciativa do Sr. Prefeito Municipal, em data de 12.5.82, com a recomendação de urgência (ut fls.), a autoridade impetrada, na conformidade do que dispõe o art. 13, II, da Lei Orgânica dos Municípios, c/c o disposto no art. 16, II, n. 2, do Regimento Interno da Câmara Municipal de São Paulo, efetuou a distribuição da proposição às Comissões de Justiça e Redação, de Assuntos Ligados ao Servidor Público e de Finanças e Orçamento (ut fls.).

O processo legislativo acha-se regulado pelos arts. 26 a 32 da Lei Orgânica dos Municípios (Dec.-lei Complementar 9, de 31.12.69), sendo certo que o art. 28 assim prescreve: "Artigo 28. O projeto de lei que receber parecer contrário, quanto ao mérito, de todas as comissões será tido como rejeitado".

In casu, como se pode verificar do documento de fls., as comissões de mérito que apreciaram o indigitado projeto de lei efetivamente rejeitaram a proposição pela maioria de cinco votos contrários e apenas um voto favorável, e que é do Sr. Relator da matéria submetida à apreciação das comissões conjuntas.

Sucedeu, entretanto, que, por defeito de técnica legislativa, ao proferir seu voto - e que era favorável à proposição - o Sr. Relator o fez sob a forma de parecer, culminando por utilizar-se de expressão gentílica de tratamento, proferindo seu voto na primeira pessoa do plural, rotulando-o com a expressão: "Favorável à aprovação da propositura o nosso parecer".

Obviamente, a expressão de tratamento utilizada pelo Sr. Relator, cujo voto divergiu da maioria de seus pares, não tem o alcance vinculativo que vislumbrou a digna Autoridade coatora, sendo elementar regra de hermenêutica buscar-se o sentido do conteúdo das manifestações de vontade. No caso presente, a maioria dos integrantes das comissões conjuntas se manifestou contrariamente, apenas o Sr. Relator é quem se mostrou favorável. É claro, portanto, que a propositura não foi aprovada.

Para os efeitos previstos no art. 28 da Lei Orgânica dos Municípios, a proposição apresentada não foi aprovada pelas comissões de mérito, ainda que irregularmente, com defeito de técnica, redigida a manifestação do Sr. Relator.

Só por este aspecto verifica-se a existência de vício insanável a macular o Processo legislativo.

Sustenta a autoridade impetrada por outro lado, que a Comissão de Cultura, Bem-Estar Social e Turismo, a quem também estaria afeta a apreciação da proposição, não se opôs à tramitação do projeto de lei, tanto que, por isso, legítima se mostraria sua conduta em encaminhá-lo ao plenário da Edilidade.

Referido argumento, entretanto, não prospera.

Nos termos do art. 16, II, n. 2, do Regimento Interno da Câmara Municipal de São Paulo (Res. 3, de 20.12.69), compete ao Sr. Presidente da Câmara Municipal a distribuição de proposições, processos e documentos às comissões.

Pela análise do documento encartado a fls. verifica-se, no entanto, que o projeto de lei encaminhado pelo Executivo municipal não foi distribuído à Comissão de Cultura, Bem-Estar Social e Turismo.

Vale dizer que a autoridade impetrada não distribuiu a matéria legislativa à citada comissão. Não pode, agora, pretender valer-se de seu silêncio, entendendo-o como aprovação tácita.

Pela regra do art. 55, IV, do Regimento Interno, a matéria objeto do projeto de lei deveria ter sido apreciada pela Comissão de Cultura, Bem-Estar Social e Turismo, já que cuida de assunto atinente à educação, estando, portanto, no âmbito de suas atribuições.

O fundamento da impetração não foi alicerçado sobre tal aspecto. O assunto está sendo ventilado por provocação da própria autoridade coatora, sendo, portanto, cabível a parêmia "nemo auditur propriam turpitudinem allegans".

Não se discute, nos autos, a questão de mérito da lei em si mesma, mesmo porque refugiria ao âmbito do controle jurisdicional, nesta instância e no âmbito do mandamus, uma vez que a declaração de inconstitucionalidade de lei, em tese, só pela via adequada da ação direta de declaração inconstitucionalidade de lei é que poderia ser enfocada. O que se debate, no caso presente, é a anulação de ato componente do processo legislativo.

A este respeito, precisa a lição do consagrado mestre Miguel Reale, para quem:

"O anulamento constitui, portanto, um ato de tutela jurídica, de defesa da ordem legal constituída, ou, por outras palavras, um ato que sob certo prisma pode ser considerado negativo, visto não ter o efeito de produzir conseqüências novas na órbita administrativa, mas antes a de reinstaurar o status quo ante.

"O desfazimento de um ato administrativo em virtude de nulidade ou de anulabilidade pressupõe a violação de algum dispositivo legal, ou seja, um título que se não reduza ao simples poder de agir em função do interesse público: a invocação do bem social não basta para legitimar o anulamento; necessário é que haja lei cujo desrespeito, manifesto ou comprovado, tendo em vista os seus fins determinantes, importe a caracterização de sua invalidade" (In Revogação e Anulamento do Ato Administrativo, Forense, 2ª ed., p. 32).

Observe-se, ademais, que a aprovação do projeto de lei ocorreu antes mesmo do decurso de prazo, já que a mensagem que o encaminhou deu entrada na Edilidade paulistana em data de 12.5.82, ocorrendo o dies ad quem fatal para sua aprovação em data de 21.6.82, sendo certo que o plenário foi convocado para apreciá-lo nas sessões de 15, 16 e 17.6.82, sem que, no entanto, houvesse quorum suficiente para sua aprovação.

A assim ser, nos termos do art. 32 da Lei Orgânica dos Municípios, verifica-se que até a expiração do prazo fatal para a aprovação do projeto de lei, por decurso de prazo, haveria possibilidades de novas convocações. A última convocação ocorreu em data de 17.6.82 e o dies ad quem ocorreria em 21.6.82.

Também sob tal aspecto o processo legislativo se mostra claudicante.

O processo legislativo insere-se na categoria de procedimento administrativo e que, na conceituação do consagrado publicista Hely Meirelles, é a sucessão ordenada de operações que propiciam a formação de um ato final objetivado pela Administração, consistindo, verdadeiramente, em iter legal a ser percorrido para a obtenção dos efeitos regulares objetivados pelo ato administrativo complexo, nem com o ato administrativo composto, já que se trata de um encadeamento de operações que propiciam o ato final. Dessa forma, a irregularidade na formação do procedimento, em qualquer de suas fases, acarreta não só sua invalidação como, também, compromete a validade do ato final (ut Direito Administrativo Brasileiro, Ed. Revista dos Tribunais, 8ª ed., pp. 129-131).

Verificando-se, portanto, que o processo legislativo não observou o disposto no art. 28 da Lei Orgânica dos Municípios, já que as comissões de mérito não emitiram parecer favorável à tramitação do projeto de lei, não se podendo aceitar a manifestação isolada e divergente de um de seus membros como vinculativa das comissões, o projeto de lei deveria ter sido rejeitado, e não encaminhado ao plenário da Edilidade para, a final, ser aprovado por decurso de prazo.

Atacável, portanto, pela via regular do mandamus o ato impugnado.

Ante o exposto e pelo que dos autos consta, julgo procedente a presente impetração requerida pelos Vereadores Benedito Cintra e Francisco Martin Gimenez contra ato do Sr. Presidente da Câmara Municipal de São Paulo que, ao proceder à elaboração legislativa do projeto de lei 133/82, determinou sua remessa ao plenário da Edilidade, inobservando o disposto no art. 28 da Lei Orgânica dos Municípios, viciando de nulidade o processo legislativo e, destarte, acarretando a nulidade dos demais atos subseqüentes.

Condeno a autoridade impetrada no pagamento das custas processuais.

Honorários advocatícios são incabíveis na espécie.

Torno definitiva a liminar concedida inauguralmente.

Esta decisão está sujeita ao duplo grau obrigatório de jurisdição P.R. e I.

São Paulo, 30 de agosto de 1982 - MASSANI UYEDA.

Impressão e Acabamento
Bartira
Gráfica
(011) 458-0255